CRAFT
ひきこもりの家族支援ワークブック
若者がやる気になるために家族ができること

境　泉洋・野中俊介 著

金剛出版

This book is the kind of book that is not only comprehensive and compelling but useful to both therapists and researchers. Dr. Sakai has woven together the mechanism of change for Hikikomori and the community reinforcement and family training (CRAFT) in a useful and creative way.

This book examines related problem behaviors associated with Hikikmori, and discusses ways to understand these behaviors while using solid behavioral techniques to help the family member and the therapist.

I can strongly recommend Dr. Sakai's book and I strongly urge Psychologists'and other practitioners' to give this book a close read.

Robert J. Meyers, Ph.D.,
Emeritus Associate Research Professor of Psychology
University of New Mexico, &
Director of Robert J. Meyers, Ph.D. & Associates

この本は，包括的で説得力があるだけでなく，セラピストと研究者の両者に役立つものである。境氏は，有益かつ独創的な方法で，ひきこもりの変化のメカニズムとコミュニティ強化と家族訓練（CRAFT）を関連付けて記述してきた。

本書は，堅実な行動療法的手法を家族とセラピストを支援するために用いるものであるが，その一方で，ひきこもりを伴う問題行動について検討し，その行動を理解する方法についても記されている。

私は，この境氏の本を強く推薦する。そして，多くの心理学者や実践家に，この本を精読することを勧める。

ロバート・J・メイヤーズ Ph.D.
ニューメキシコ大学心理学名誉准研究教授
ロバート・J・メイヤーズ研究所所長

まえがき

実は，子どもに接するのが怖いんです
　ひきこもりが長期化すると，家族はこのような心境に追い込まれていきます。ひきこもりが長期化する背景には，お子さんにどのように接したらいいのかが分からない家族の苦悩が存在しているのです。
　ひきこもりのお子さんの家族は，必ずしも問題のある家族ではありません。むしろ，常識的であるからこそ，ひきこもりのお子さんに柔軟な対応ができないのです。ひきこもりからの回復は，常識との上手な付き合い方を身につけるプロセスでもあります。常識に囚われても動けなくなるし，常識を放棄しても回復への動機づけは高まらないのです。

働いたら負けだ
　ひきこもりから抜け出せない若者の中には，このような考えを持っている人がいます。このような考えをどのように理解するか。常識的な人であればあるほど，このような考えを理解することは困難でしょう。
　若者がこのような考えを抱く背景には，容易には就職できない，働けても過酷な環境での辛い日々に耐えられないといった，今日の若者がおかれる現実があります。このような考えを抱く若者は，自身のあらゆる努力が報われない現実，今日の社会に対して心を閉ざしてしまっているのです。

　子どもに接するのが怖いという家族も，働いたら負けだと考えている若者も，努力が報われない現実に絶望しているという点では同じなのです。
　努力が報われなかった時，人は無気力になり，問題に向き合う動機づけが高ま

りません。このような状況において必要なことは，方法を間違わなければ現状は打開できるという希望を抱くことです。

家族が来ても話を聴いてあげることしかできないんです
　ひきこもりの家族支援の経験が少ない支援者の中には，このように感じている人が少なくありません。話を聴いてあげることしかできないという行き詰まりを感じているのです。
　このように感じている支援者に必要なのは，効果的な支援方法を，体系的，具体的に学ぶことです。このプログラムでは，現状の理解を深め，その上で，現状を打開するための具体的方法について実践を通して学んでいきます。
　このプログラムの特徴は，概念的ではなく，具体的に学んでいく点です。筆者は概念的な支援を「キャッチフレーズ支援」と呼んでいますが，このプログラムは「キャッチフレーズ支援」とは一線を画しています。

　このプログラムの元となっているCommunity Reinforcement and Family Training（コミュニティ強化と家族訓練：以下，CRAFT）プログラムは，依存症者の家族のためのプログラムです。ひきこもりと依存症は関係ないと思われるかもしれませんが，家族が最初に支援に来ることや，当事者と家族の間に共依存が存在することなど，共通点が多くあります。こうしたことから，CRAFTプログラムは，ひきこもりの家族支援としての応用が期待されており，厚生労働省が作成したひきこもりの評価・支援のガイドライン（齊藤，2010）においても取り上げられています。
　本書を通して，絶望の淵にある家族が若者と社会をつなげる方法を体系的，具体的に学び，希望を見出せるようになることを切に願っています。
　本書の出版に際しては，金剛出版の立石正信社長に多大なるご尽力を頂きました。立石社長には，CRAFTの訳本の出版から担当をしていただいています。これまでのお力添えに，ここに記して感謝申し上げます。

　　平成25年7月12日

　　　　　　　　　　　　　　　　　　　　　著者を代表して　境　泉洋

序文（ロバート・J・メイヤーズ）... 3
まえがき 5

第1回　ひきこもりの若者と社会をつなぐために 13
　1. プログラムについて 14
　2. ひきこもりのメカニズム 17
　3. プログラムの概要 23
　4. プログラムを利用するにあたって 25

第2回　問題行動の理解 29
　1. はじめに 30
　2. ホームワークの復習 31
　3. ひきこもりと関連のある問題行動 32
　4. コミュニケーションの悪循環を整理する 35
　5. 機能分析とは 40
　6. 実践練習 41
　7. 機能分析を理解する上でのポイント 48

第3回　暴力的行動の予防 55
　1. はじめに 56
　2. ホームワークの復習 57
　3. 暴力的行動の悪循環を整理する 58
　4. 実践練習 59
　5. 暴力的行動の機能分析を理解する上でのポイント 66
　6. 暴力的行動へのタイムアウト 67
　7. 深刻な暴力から身を守る方法 70

第4回 ポジティブなコミュニケーションスキルの獲得 ... 77
1. はじめに ... 78
2. ホームワークの復習 ... 79
3. コミュニケーションの問題を整理する ... 80
4. ポジティブなコミュニケーションの方法 ... 81
5. コミュニケーションスキルの練習の必要性 ... 89
6. 実践練習 ... 90

第5回 上手にほめて望ましい行動を増やす ... 97
1. はじめに ... 98
2. ホームワークの復習 ... 99
3. 行動が繰り返される理由を考える ... 100
4. 適切な「強化子」 ... 101
5. 増やす行動を選択する ... 104
6. 望ましい行動の機能分析 ... 107
7. 望ましい行動の機能分析を理解する上でのポイント ... 114
8. 望ましい行動を引き出す ... 115
9. 実践練習 ... 118

第6回 先回りをやめ，しっかりと向き合って望ましくない行動を減らす ... 125
1. はじめに ... 126
2. ホームワークの復習 ... 127
3. 望ましくない行動の悪循環を整理する ... 128
4. どうしてほしいの？のコミュニケーション ... 134
5. 先回りし過ぎるのを止めてみる ... 134
6. 実践練習 ... 138

第7回 家族自身の生活を豊かにする ... 144
1. はじめに ... 146
2. ホームワークの復習 ... 147
3. あなたの生活上の幸福感は？ ... 148
4. 目標を立てる ... 150
5. 目標に向かった行動を増やす ... 152
6. 実行計画を立てる ... 152

第8回 相談機関の利用を上手に勧める ... 157
1. はじめに ... 158
2. ホームワークの復習 ... 159
3. お子さんに相談機関の利用を勧めるために必要なこと ... 159
4. お子さんの動機づけが高まっているときを選ぶ ... 161
5. 相談機関の利用への動機づけを高める工夫 ... 164
6. ポジティブなコミュニケーションスキルを用いる ... 166
7. 実践練習 ... 167
8. 相談機関の利用を勧めたときのお子さんの反応に対する準備 ... 169
9. 早期の中断に備える ... 169

第9回 プログラムを終えてからの支援 ... 175
1. はじめに ... 176
2. ホームワークの復習 ... 177
3. お子さんや家族が利用可能な支援 ... 177
4. 今後の取り組みについて ... 181

振り返りシート回答 ... 183
文　献 ... 197
付　録 ... 201
　　ひきこもり地域支援センター ... 202
　　地域若者サポートステーション ... 204
あとがき ... 211

CRAFT
ひきこもりの家族支援ワークブック

若者がやる気になるために家族ができること

第1回

ひきこもりの若者と
社会を
つなぐために

1. プログラムについて

このプログラムでは，ひきこもりの若者と社会をつなげるために家族ができることについて学びます。

ひきこもりのことで相談に訪れる人のうち，ひきこもっているお子さんから相談が寄せられる割合はわずか6.6％ですが，家族から相談が寄せられる割合は72.2％にも上ります（地域精神保健活動における介入のあり方に関する研究班，2003）。つまり，ひきこもり支援においては，お子さんへのアプローチが難しいため，まずは支援の実現可能性の高い家族，特に親への支援が重要になります。

このプログラムでは，親をはじめとした家族を「**ひきこもり支援の中核を担う人**」と位置づけています。このプログラムは，家族のためのプログラムであることを意識してください。

このプログラムでは，3つのことを目的としています。重要な順番に記載されていますので，まずは一番目の目的から達成していきましょう。

①家族自身の負担を軽減する

これまでの調査から，多くの家族はストレスを強く感じていることが分かっています（植田ら，2004）。こうした，負担が家族に気持ちのゆとりを失わせ，冷静な対応ができなくなる理由になっていると考えられます。お子さんに対して適切な対応をするためには，家族自身が健康な状態を維持していることが重要です。

家族のストレスが高くなる背景には，家族がひきこもりを過度に否定的にとらえることと，お子さんへの対応に自信が持てないことが影響しているとされてい

ます（境ら，2009；境・坂野，2009）。したがって，ひきこもっているお子さんの心理を理解してひきこもりを過度に否定的にとらえないようにするとともに，お子さんへの適切な対応の仕方を身につけ，家族が自信を取り戻すことが重要です。

しかし，その一方で，ひきこもっていることをまったく否定的にとらえなければ，家族が相談に来ることもなくなります。ひきこもりを否定的にとらえることは，家族が相談に訪れる動機づけにもなっているのです。つまり，重要なのはひきこもりを否定的にとらえる程度を適度な強さに調整することなのです。

②家族関係を改善する

このプログラムでは，お子さんの様々な問題行動への適切な対応方法を学んでいきます。適切な対応をするためには，良好な家族関係が必要となります。良好な家族関係を築くには，家族が気持ちにゆとりを取り戻すことが重要です。家族関係を改善することで，問題行動を減らし，適応的な行動を増やすために必要なコミュニケーションをとれるようになることを目指していきます。

③お子さんの相談機関の利用を促進する

ひきこもり状態にある人は，医療機関などの相談機関につながっていない人が多く（境ら，2013など），そうした人は，より多くの困難を抱えていることが分かっています（Kondo, et al., 2013）。また，ひきこもり状態にある人は，何らかの精神障害を抱えている可能性があるため（Kondo, et al., 2013），必要に応じて医療につなげることが重要です。

お子さんの相談機関の利用を促すには，タイミング

が重要です。お子さんが相談機関の利用に興味を示している様子があれば，直ぐに相談機関を利用する準備をしてください。相談機関を利用する準備については，プログラムの第8回を参照してください。

● プログラムの有効性に関する科学的根拠

　このプログラムは，認知行動療法という心理療法の技法にもとづいて行われます。このプログラムを作成するにあたって参考とした研究では，次のような結果が得られています。

①物質依存に陥った人を相談に繋げるために，その家族を対象に行われた，CRAFT（コミュニティ強化と家族訓練：Community Reinforcement and Family Training）と書いて「クラフト」と呼ばれる認知行動療法プログラムでは，参加した家族の約70％が物質依存に陥った人を相談に繋げることに成功しています。また，CRAFTに参加した家族は，物質依存に陥った人との関係が改善しています。さらに，CRAFTに参加した家族は，物質依存に陥った人が相談機関につながるか否かに関係なく，自身の心理的健康度を改善させることができています（Smith & Meyers, 2004）。

②ひきこもり状態にある人の家族を対象として，CRAFTの基礎理論になっている行動理論に基づいたプログラムを実施した結果，家族のストレス反応の低減などの効果が認められています（境・坂野，2010）。

③ひきこもり状態にある人の家族5名を対象にCRAFTを応用したプログラムを実施した研究は，ひきこもり状態にある人のうち，相談機関の利用に至っ

た人が2名，就学あるいは就労に至ったものがそれぞれ1名であったことが報告されています（野中ら，2013）。

　上記以外にも，境（2013）の報告によると，CRAFTプログラムに参加することで，家族関係の改善がみられることや，短期のCRAFTプログラムでも一定の効果が得られることが示されています。

2. ひきこもりのメカニズム

　このプログラムを始める前に，ひきこもりのメカニズムについて理解をしておきましょう。まずは，ひきこもりからの回復過程について説明をし，その後，ひきこもりからの回復過程を支える家族関係の回復過程について説明をしていきます。

　ひきこもりからの回復過程を図1に示しています。

　図1に示したように，人が経験する出来事には，楽しい出来事と辛い出来事があります。辛い出来事がないのが楽しい出来事であると考えるかもしれませんが，辛い出来事と楽しい出来事は対極にあるものではありません。つまり，辛い出来事と楽しい出来事が共に存在する状態があるということです。したがって，楽しい出来事と辛い出来事は独立した体験であると考えることができます。

　こうした楽しい出来事と辛い出来事は独立しているという観点から，ひきこもり支援では，図1の右上にある「価値ある生活」を目指します。「価値ある生活」とは，自分の価値観に沿って自分らしく自立した生活を送ることを言います。「価値ある生活」とは，楽しい

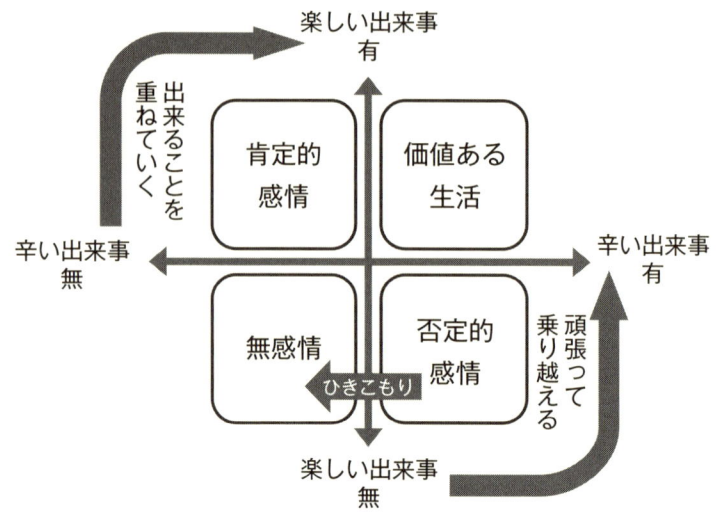

図1　ひきこもりからの回復過程

出来事だけがある生活ではありません。また，辛い出来事だけがある生活でもありません。「価値ある生活」とは，楽しい出来事と辛い出来事の両方がある生活のことを言います。ひきこもり支援では，楽しいこと，辛いこと，その両方がありながらも自分の価値に沿って，自立した生活を送れるようになることを目指します。

一方，ひきこもりとは，辛い出来事から生じる否定的感情を避ける行動と言えます。ひきこもっているお子さんは，否定的感情を避けているだけで，楽しいといった肯定的感情を体験しているわけではありません。つまり，ひきこもっているお子さんは，否定的感情を回避しているだけで，肯定的感情があるわけでもなく，何もない「無感情」の状態にいると言えます。

「無感情」の状態から「価値ある生活」を目指す場合，多くの人は辛い出来事を克服した後に楽しい出来事を体験できるようになると考えます。この考えは，

辛い出来事を「頑張って乗り越える」ことができた人だけが，価値ある生活を手に入れることができるという考え方です。

　しかし，ひきこもっているお子さんの中には，「頑張って乗り越える」ことのできない人がいます。それは，度重なる失敗や長期にわたるひきこもりのために経験が不足しており，深刻な自信喪失，体力喪失の状態に陥っていることが少なくないからです。つまり，ひきこもっているお子さんに，「頑張って乗り越える」ことだけを求めてしまうと，お子さんのやる気を引き出すことができず，お子さんとの関係が悪化してしまいます。

　ひきこもりから「価値ある生活」を目指すには，楽しい出来事を体験することから始めるのが効果的と考えられます。否定的感情は，視野を狭めさせ，委縮させる効果があります。それに対して，肯定的感情は，視野を広げさせ，緊張を緩和する効果があります（島井，2006）。肯定的感情による視野の広がりや，緊張の緩和が，好奇心や新たなことへの挑戦の足掛かりになるのです。つまり，ひきこもりからの回復においては，ひきこもっているお子さんが肯定的感情を体験できるように，「できることを重ねていく」ことが重要となります。

　「できることを重ねていく」という経過の中で，成功体験を積んで自信を回復し，新たなことに挑戦しようというやる気が芽生えてくるのです。「できることを重ねていく」中で自信を回復した後であれば，自分の価値に沿って行動するために，多少の困難があったとしてもそれに耐えて，乗り越えるための，自信とやる気が生まれてくるのです。

　ひきこもりの回復においては，「頑張って乗り越え

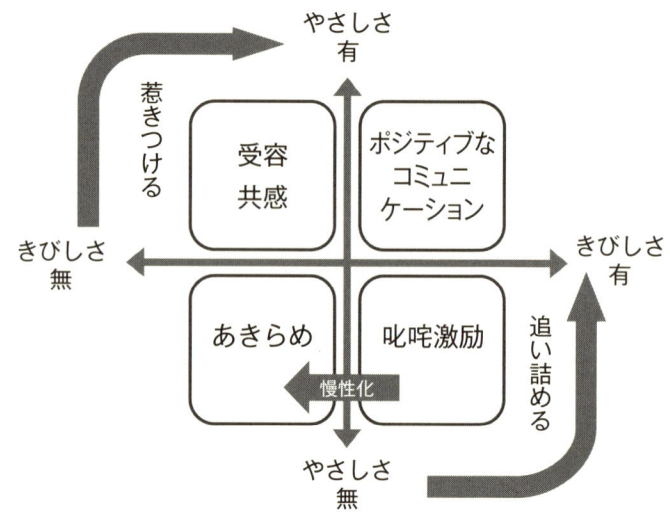

図2　家族関係の回復過程

る」のではなく,「できることを重ねていく」ことが重要となります。

　図2は，ひきこもりからの回復過程を支える，家族関係の回復過程を示したものです。

　図2に示すように，人間関係のパターンは「やさしさ」と「きびしさ」という概念で分けることができます。ひきこもりのお子さんへの家族のかかわり方を例にとるならば「やさしさ」とは，母親的なかかわり方です。一方,「きびしさ」とは，父親的なかかわり方です。

　「やさしさ」と「きびしさ」は，対極となるかかわり方ではありません。つまり，きびしくないかかわり方が，やさしいかかわり方ではないということです。「やさしさ」と「きびしさ」を両方持ち合わせたかかわり方があるのです。したがって,「やさしさ」と「きびしさ」は独立したかかわり方としてとらえることができます。

家族関係においては，図2の右上にある「ポジティブなコミュニケーション」を目指します。「ポジティブなコミュニケーション」とは，「やさしさ」と「きびしさ」がバランスよく使い分けられたコミュニケーションのことを言います。このプログラムでは，やさしくて，きびしい，メリハリのあるコミュニケーションを目指します。

　慢性化したひきこもりにおいては，家族関係が「あきらめ」の状態に陥ることが多くあります。こうした「あきらめ」の境地にいたるのには，繰り返しの「叱咤激励」が奏功せず，家族がどうしたらいいか分からなくなってしまうという理由があります。

　家族はなぜ，ひきこもっているお子さんを「叱咤激励」するのでしょうか？　それは，先のひきこもりの回復過程でも述べたとおり，多くの人が陥ってしまう，「頑張って乗り越える」という考えにとらわれているためです。ひきこもっているお子さんのために相談に来る家族の多くは，お子さんの事を大切に思いやることができる，やさしくて，社会的にも自立した人です。そうした家族の多くは，多少の困難にはめげず，「頑張って乗り越える」ということを実践してきた自負があります。そして，この「頑張って乗り越える」という考えは，日本の世間一般の人に受け入れられやすい「普通の考え」でもあります。

　ひきこもりが始まった当初，「叱咤激励」をすることは必ずしも悪いことではありません。ひきこもったお子さんも，「頑張って乗り越える」ことの大切さを感じているものです。しかし，重要なのは，ある程度「叱咤激励」をしてもひきこもっているお子さんが動きそうにないときに，「叱咤激励」をやめて違うかかわり方ができるかということです。

家族の多くは，ひきこもったお子さんに対して，「叱咤激励」以外の接し方を知りません。なぜなら，ほとんどの家族は，「叱咤激励」以外の接し方を学ぶ機会がないからです。そして何よりも，家族自身が，自分自身を「叱咤激励」して生き抜いてきた人たちであるからです。したがって，「叱咤激励」をやりつくした末に，「あきらめ」の境地に至ってしまうのです。

　「あきらめ」の境地から「ポジティブなコミュニケーション」に至るには，まず，「受容，共感」から始めることが効果的です。ひきこもっているお子さんに「受容，共感」を示すことで，信頼関係を回復し，心を開いてもらい，お子さんの心を「惹きつける」ことが重要となります。

　ひきこもりのお子さんに「受容，共感」を示す上で，「受容，共感」と許容の違いを理解しておく必要があります。「受容，共感」とは相手の気持ちに理解を示すことです。許容とは，相手の行為を許すことです。たとえば，お子さんが親を殴りたいといったとき，殴ってよいと許すことが許容で，殴りたいほど怒っているという気持ちに理解を示すのが「受容，共感」です。大事なのは，行為を許容することではなく，気持ちに「受容，共感」を示すことです。

　しかし，「受容，共感」だけでは，ひきこもりのお子さんとしっかり向き合った「ポジティブなコミュニケーション」をとることはできません。十分な「受容，共感」によって信頼関係を回復したうえで，必要最小限の「叱咤激励」を行うことが効果的です。信頼関係ができているときの必要最小限の「叱咤激励」は，ひきこもっているお子さんにも受け入れられ，背中を後押しする効果があるのです。

　このように，家族関係の回復では，「やさしさ」の後

に必要最小限の「きびしさ」を示すという順番が重要となります。この順番に沿ってかかわることができるような気持ちのゆとり，知識，技術を身につけることがこのプログラムの目的となります。

3. プログラムの概要

表1　プログラムの内容

第1回	ひきこもりの若者と社会をつなぐために
第2回	問題行動の理解
第3回	家庭内暴力の予防
第4回	ポジティブなコミュニケーションスキルの獲得
第5回	上手にほめて望ましい行動を増やす
第6回	先回りをやめ，しっかりと向き合って望ましくない行動を減らす
第7回	家族自身の生活を豊かにする
第8回	相談機関の利用を上手に勧める
第9回	プログラムを終えてからの支援

　このプログラムは9回から構成されています。第1回は導入，第9回はプログラム終了後についてですが，第2～8回は大きく3つの部分に分けることができます。第2回と第3回では，問題行動の背景にあるお子さんの気持ちを理解する方法を学びます。ポジティブなコミュニケーションで必要となる，受容と共感を示すにはお子さんの気持ちの理解が必須となります。お子さんの気持ちを理解するために，「機能分析」という方法を学びますが，「機能分析」の習得が受容，共感の基礎となります。

　プログラムの第4～6回は，ポジティブなコミュニ

ケーションを用いて，望ましい行動を増やし，望ましくない行動を減らす方法を学びます。この部分では，ポジティブなコミュニケーションによって信頼関係を回復し，上手にほめて望ましい行動を増やし，先回りをやめ，しっかりと向き合って望ましくない行動を減らす方法について学びます。

　コミュニケーションスキルは，実践を通してでなければ身につきません。なぜなら，コミュニケーションは知識ではなく，技能だからです。机に座りじっくり考えて，思い出しながらでも紙に書きだすことができれば知識は身についていることになります。しかし，技能は然るべき状況でタイミングよく実行することで効果を発揮します。つまり，コミュニケーションにおいては，知識を技能として発揮することが重要になります。

　しかし，多くの家族は，講演会などで頭に詰め込んだ知識を，ひきこもっているお子さんを目の前にすると，きれいさっぱり忘れてしまいます。これは，知識は増えていても技能は増えていない典型的な例です。

　コミュニケーションという技能を身につけるには，実践が必須になります。野球のバッティングと同じように，コミュニケーションという技能を身につけるには，コミュニケーションを実践することが効果的なのです。コミュニケーションの知識で頭をいっぱいにしても，実際にコミュニケーションを練習しなければコミュニケーションはほとんど身につかないでしょう。

　コミュニケーションを実践するには，まず，失敗してもよい安全な状況で練習をするのが効果的です。コミュニケーションの練習をする場面は，家族がうまく対応できない苦手な場面です。苦手な場面なので，うまくいかなくても当然です。苦手な場面の練習をした

のに，周りから責められるような体験をすると，練習する意欲すら失ってしまいます。ですので，初めは失敗しても許される安全な場所で練習をするのが効果的です。安全な場所としては，支援者や親しい友人，話しやすい家族などとの練習の場があげられます。まずは練習しやすい状況で練習を重ねてから，ひきこもっているお子さんとの本番に臨むのが良いでしょう。

　プログラムの第7回は，家族の心理的負担を減らすことを目的にしています。しかし，この1回だけでは家族が抱えている大きな心理的負担を十分には解消できないかもしれません。第6回までのプログラムを通して，ひきこもりのお子さんと上手にかかわれるようになることで，家族の気持ちも楽になっているかもしれませんが，家族自身への支援が不十分であると考えられる場合は，このプログラム以外にも家族への支援を行うのが望ましいです。たとえば，筆者らは，このプログラムの内容を補う方法として，各回のプログラムの最後にマインドフルネス・ストレス低減法（春木，2007）を実施しています。

4．プログラムを利用するにあたって

　このプログラムは，プログラム実施のための研修を受けた支援者と一緒に実践するとより効果的です。家族のみで実施される場合，家族とお子さんの安全を最優先にして，無理のない実践を心がけてください。

振り返りシート ❶

> 以下の質問について，第1回で学んだポイントとして正しいものを（　　）の中に記入するか，もしくは正しい選択肢を○で囲んでください。（回答は巻末（p.184）に記載されています）

1. ひきこもり問題の解決には，家族の役割はほとんどない。

                  a. 正しい　　b. 間違い

2. お子さんにうまく対応するには，家族がうまく対応できるという，（　　　　　　）をもつことが大切である。

3. お子さんを受療につなげるためには（　　　　　　）が大切だ。

4. このプログラムの3つの目的は，①（　　　　　　）の負担の軽減，②（　　　　　）の改善，③お子さんの（　　　　　　）の促進である。

5. お子さんが相談機関の利用に関心を示したら，じっくり考えてから受療につなげることが大切だ。

                  a. 正しい　　b. 間違い

ホームワーク ❶

お子さんの気になる行動のリスト

次のシートを使って，お子さんの気になる行動のリストを作ってみましょう。お子さんの様子をよく観察することはとても大切なことです。第2回では，このシートに書いた内容を使います。

日　付	気になった行動
	例▷暴言を吐く

第2回

問題行動の理解

1. はじめに

　第1回では，このプログラムの概要や支援における家族の位置づけと同時に，ひきこもりのメカニズムについて学びました。第1回で学んだことについて，実際にはどの程度実践できたでしょうか。この点を知るために，以下の質問について0～10の間で，「非常にできた」場合を10，「どちらでもない」場合を5，「全くできなかった」場合を0としたとき，あなたに最も当てはまる数字1つを○で囲んで下さい。

全くできなかった どちらでもない 非常にできた

1. ホームワークを適切に行った

　　【 0 － 1 － 2 － 3 － 4 － 5 － 6 － 7 － 8 － 9 － 10 】

2. お子さんのできることについて考えた

　　【 0 － 1 － 2 － 3 － 4 － 5 － 6 － 7 － 8 － 9 － 10 】

3. お子さんを惹きつける接しかたについて考えた

　　【 0 － 1 － 2 － 3 － 4 － 5 － 6 － 7 － 8 － 9 － 10 】

2. ホームワークの復習

第1回のホームワーク❶として「お子さんの気になる行動のリスト」を作りました。リストを作ってみて，気付いたことを以下に書き込んでみましょう。

_____

_____

_____

_____

_____

_____

_____

今回は，問題行動を理解する方法として「機能分析」を学びます。家族関係を円滑にするには，信頼関係の構築が重要です。信頼関係を構築するには，受容，共感が重要となります。受容，共感の基礎となるのが，相手の気持ちの理解です。今回は，相手の気持ちを理解する方法として，「機能分析」を学びます。

> 行動することで何か良いことが起こったり，
> 嫌なことがなくなったりすると，その行動は繰り返される。

3. ひきこもりと関連のある問題行動

　ひきこもりと関連のある問題行動には，以下のようなものがあります。それぞれの問題行動の程度の強さは，ひきこもり行動チェックリスト（Hikikomori Behavior Checklist: HBCL; 境ら（2004））というアンケートで測定することができます。

①攻撃的行動
　「家族への暴力」，「乱暴なことを言う」といった身体的な暴力や攻撃的な発言をすること。
②対人不安
　「他人の言動に対して神経質である」，「人の目を気にする」といった他者に対する恐怖や不安を感じること。
③強迫行動
　「手洗いが長い」，「手を頻繁に洗う」といった強迫的な行為を行うこと。
④家族回避行動
　「家族に気付かれないように行動する」，「食事を一緒にしない」といった家族との接触を避けること。
⑤抑うつ
　「絶望感を口にする」，「自殺したいと訴える」といった憂うつな気分に関連する言動を行うこと。

⑥日常生活活動の欠如
　「時間通りに行動しない」,「服を着替えない」といった日常生活活動が欠如していること。
⑦不可解な不適応行動
　「親にベタベタ甘える」,「理由もなく笑っている」といった不可解な不適応行動を行うこと。
⑧社会不参加
　「仕事に就いていない」,「友達がいない」といった社会参加をしていないこと。
⑨活動性の低下
　「考えていることが分からない」,「将来のことについて話さない」といった活動性が低下していること。
⑩不規則な生活パターン
　「昼夜逆転している」,「日常生活が不規則である」といった不規則な生活をしていること。

　ホームワーク❶で見つけた行動がHBCLで示されている問題行動に含まれていた人も多いと思います。では次に，ホームワーク❶で見つけた行動が「望ましい行動」と「望ましくない行動」のどちらに当てはまるかをワークシート❶を使って分類してみましょう。
　なお，「望ましい行動」とは，お子さんが現在行っている行動の中で，家族がもっとやってほしいと思う行動です。逆に，「望ましくない行動」とは，お子さんが現在行っている行動の中で，家族がもうやってほしくないと思う行動です。
　HBCLの内容を参考に，ホームワーク❶で書いたもの以外でも，思いついた行動があれば書き込みましょう。

ワークシート ❶

望ましい行動と望ましくない行動の分類

望ましい行動	望ましくない行動
•	•
•	•
•	•
•	•
•	•
•	•
•	•
•	•
•	•
•	•
•	•

このワークを踏まえて，次は，「望ましい行動」を見つける練習をしましょう。このワークで「望ましい行動」よりも「望ましくない行動」が多い場合は，ひきこもっているお子さんの悪い部分に注意が偏っている可能性があります。お子さんの行動を変えるのに，現在やっている行動をやめさせたり，現在やっていない行動をやらせたりするのは困難です。お子さんの行動を変えるには，今現在やっている「望ましい行動」を増やすのが効果的です。「望ましい行動」が増えれば，必然的に「望ましくない行動」は減ります。ですので，お子さんが現在やっている「望ましい行動」を見つけ，それを増やすようにしましょう。

4. コミュニケーションの悪循環を整理する

　今回は，Aさんの例を使って，「望ましくない行動」について理解する方法を学んでいきましょう。
　Aさんは54歳の女性です。30歳になる息子のひきこもりの問題で悩んでいます。Aさんの訴えはエピソード❶のようなものでした。

> **エピソード ❶**
>
> 　息子は30歳になるのですが，自宅にひきこもっており，私たち家族との会話もあまりありません。自宅にひきこもってから3年近くになります。このままではいけないという思いに駆られますが，焦らせてはいけないとそっとしています。
> 　ある日，息子が昼過ぎに起きてきたときに，「何もせずに家にいるんだから，朝ぐらい早く起きたら」と言ってしまいました。すると息子が，「うるさい，俺が何しようと勝手だろ！」と怒鳴りました。私は驚いてしまい，何も言えなくなってしまいました。
> 　それから息子の家族に対する暴力が続くようになりました。

　こうした話はコミュニケーションの悪循環を表している例です。コミュニケーションの悪循環は，なぜ起こるのでしょうか？　Aさんの例に沿って見ていきましょう。

　悪循環が起こる過程は，「きっかけ」，「反応」，「結果」という3つの部分からなります。

① 「きっかけ」

　「きっかけ」とは，「反応」が起こるきっかけとなる出来事のことです。Aさんの例では，息子さんに「何もせずに家にいるんだから，朝ぐらい早く起きたら」と言ったことが「きっかけ」になります。

② 「反応」

　「反応」とは，「きっかけ」に対してお子さんが行った行動のことです。Aさんの例では，息子さんが「うるさい，俺が何しようと勝手だろ！」と怒鳴ったことが「反応」になります。

③「結果」

「結果」とは,「反応」の後に起こった出来事のことです。例では,Aさんが驚いてしまい,何も言えなくなってしまったことが「結果」になります。

「きっかけ」に対する「反応」は,「結果」によってコントロールされています。つまり,Aさんの例では,息子さんの暴力に対してAさんが驚いてしまい,何も言えなくなったことで,「息子さんの家族に対する暴力が続く」状態になったと言えます。また,その後の暴力という「反応」に対しても言いなりになるという「結果」が起こることで,新たな暴力という「反応」が継続していることになります。これらの関係を示したのが図3になります。

人がとる行動は,その「結果」においてメリットが生じると増加し,デメリットが生じると減少しま

図3　コミュニケーションの悪循環

す。例えば，人が困っている状況で，その人を助けることで周りからほめられる経験をすると，人が困っている時に人を助ける行動が増加します。これは，人が困っているという「きっかけ」に対して，人を助けるという「反応」をしたときに，周りからほめられるというメリットが生じることで人を助けるという「反応」が増えていることになります。逆に，助けた人から迷惑そうな顔をされるというデメリットが生じると，同じ状況で人を助けるという「反応」は減少します。

　図3で示した「結果」が，次の行動の「きっかけ」になることがあります。つまり，「きっかけ1→反応1→結果1（きっかけ2）→反応2→結果2（きっかけ3）……」という連鎖です。この連鎖について，Aさんの違う例で見ていきましょう。Aさんの違う例はエピソード❷のようなものです。太字の部分が，先ほどの例とは違う部分です。
　この例を，「きっかけ」，「反応」，「結果」にわけて示したのが図4になります。

エピソード❷

　ある日，息子が昼過ぎに起きてきたときに，「何もせずに家にいるんだから，朝ぐらい早く起きたら」と言ってしまいました。すると息子が，「うるさい，俺が何しようと勝手だろ！」と怒鳴りました。ここでひいては息子のわがままを認めてしまうと思い**「何でそんなこというの！」と言い返しました。すると息子が壁を蹴って穴をあけてしまいました**。さすがにその時は驚いてしまい，何も言えなくなってしまいました。

図4 「結果」が新たな「反応」の「きっかけ」になる

このように，コミュニケーションの悪循環は，「きっかけ」，「反応」，「結果」という3つの部分に整理して理解することができます。複雑に思えたコミュニケーションの悪循環も，わずか3つの部分だけで理解できるのです。

コミュニケーションの悪循環を，「きっかけ」，「反応」，「結果」の3つの部分に整理することで，「きっかけ」に対する「反応」の後に起こった「結果」が，その「反応」が繰り返されるかを決定していると理解できます。このように悪循環のメカニズムが理解できれば，どのようにすれば悪循環を断ち切ることができるかを考えられるようになります。

5. 機能分析とは

「機能分析」とは，「その行動がその人にとってどのような意味を持つかを理解する」ための方法です。「機能分析」によって，破壊的な行動をする理由，善意の行いを無視される理由，その行動が自分たちの関係性において何を意味しているのか，といったことを理解できるようになります。

このプログラムの「機能分析」では，きっかけを「外的きっかけ」と「内的きっかけ」に分けて考えます。「外的きっかけ」とは，誰からでも客観的に分かるきっかけです。そして，「内的きっかけ」とは，客観的には分からない，お子さんが行動をする直前に考えていたことや感じていた主観的なことです。「内的きっかけ」は客観的には分からないものですが，「内的きっかけ」を多角的視点から検討することがポジティブなコミュニケーションを行う上で重要となります。最初

は分からないかもしれませんが,「内的きっかけ」について考える練習から始めましょう。

　また,このプログラムの「機能分析」においては結果を「短期的結果」と「長期的結果」に分けて考えます。「短期的結果」とは,その行動をしている最中や行動をした直後にお子さんが体験していることです。「長期的結果」とは,その行動を続けているといずれお子さんがどんなことを体験することになるかということです。問題行動は,「短期的結果」ではメリットがあるために維持されていますが,「長期的結果」においてはお子さんや周囲の人が何らかのデメリットを経験することになります。「長期的結果」におけるデメリットに関しては,特に,お子さんが同意するデメリットを特定することが重要です。

　次のワークシート❷の記入方法には,ワークシート❷を作成する際に参考になる質問を示しています。質問に答える形でワークシート❷に記入していくとよいでしょう。ワークシート❷の記入例には,Aさんのエピソード❶について機能分析を行った例を示しています。記入方法と例を参考にしながら,ワークシート❷を使ってお子さんの望ましくない行動の機能分析を行ってみましょう。

6. 実践練習

　機能分析は,このプログラムの重要な位置を占めています。今回は,お子さんの「望ましくない行動」の一つについて機能分析をしてみましょう。

ワークシート❷　問題行動の機能分析

問題行動	1. お子さんはどんな問題行動をしましたか？ 2. お子さんはその問題行動をどのくらい繰り返していましたか？ 3. お子さんはその問題行動をどのくらいの時間していましたか？

外的きっかけ	内的きっかけ
1. その問題行動をしているとき，お子さんは誰といましたか？ 2. お子さんがその問題行動をした場所はどこですか？ 3. お子さんがその問題行動をした時間帯はいつですか？ 4. その問題行動をする直前に，お子さんは何をしていましたか？ 5. その行動をする直前に，お子さんの周囲で何が起こっていましたか？	1. その問題行動の直前に，お子さんは何を考えていたと思いますか？ 2. その問題行動の直前，お子さんはどんな気持ちだったと思いますか？

記入方法

分かったこと	1. 機能分析を行って、どんなことが分かりましたか？ 外的きっかけ、内的きっかけ、短期的結果、長期的結果についてそれぞれ考えてみましょう。

短期的結果	長期的結果
1. お子さんはその問題行動を行うことで、どんなメリットを得ていましたか？ 2. お子さんはその問題行動をしている間、どんなことを考えていたと思いますか？ 3. お子さんは問題行動をしている間、どんな気持ちだったと思いますか？	1. その問題行動によってお子さんにどんなデメリットがあると思いますか？以下の、a〜gの領域を参考に考えてみましょう。その後、デメリットの中でも、お子さんが同意すると思われるものに○印をつけましょう。 a. 人間関係： b. 身体面： c. 感情面： d. 法律： e. 仕事： f. 金銭的： g. その他

第2回 問題行動の理解

ワークシート ❷　問題行動の機能分析

問題行動	・「うるさい！　俺が何しようと勝手だろ！」と暴言を吐く ・眉間にしわを寄せて顔を真っ赤にして

外的きっかけ	内的きっかけ
・「何もせずに家にいるんだから，朝ぐらい早く起きたら」と私が言った ・私と一緒にいるとき ・本人の部屋で寝ているとき	・いつも同じこと言うな！　そんなこと分かってるわ！ ・余計なことを言わないでほしい ・イライラしている

記入例

分かったこと	・暴言のきっかけを私が作っている ・暴言には息子なりの理由がある ・暴言の後に私が黙ることで，メリットを得ている ・暴言をくり返すことで，私との関係が悪くなる

短期的結果	長期的結果
・私が黙る ・私がいなくなる ・私から嫌なことを言われなくなる ・こう言ったらもう何も言わなくなるだろう ・怒りをぶつけてすっとしている	⊙私との関係が悪くなる ・自分の気持ちを冷静に伝えられなくなる ・しばらくして後悔する ・血圧が上がる ・私から経済的な援助を受けられなくなる

ワークシート❷　問題行動の機能分析

問題行動	

外的きっかけ	内的きっかけ

| 分かったこと | |

短期的結果	長期的結果

7. 機能分析を理解する上でのポイント

ワークシート❷の機能分析を踏まえて以下の点について考えてみましょう。

①外的きっかけ

　Aさんのエピソード❶の機能分析から，息子さんの暴言のきっかけをAさんが作っていることが分かります。外的きっかけの分析から分かることは，問題行動の部分的責任がAさんにもあるということです。ここで重要なのは，責任の一部がAさんにあるのであって，すべての責任がAさんにあるわけでは無いということです。この部分的責任を受け入れることができると，相手の守りの姿勢を和らげることができます。

②内的きっかけ

　Aさんの例では，内的きっかけの分析から，暴言を吐くのには息子さんなりの理由があるということが分かります。この息子さんなりの理由に理解を示すことが，息子さんの守りの姿勢を和らげるのに役立ちます。こうした姿勢は，共感的理解や無条件の肯定的配慮と呼ばれるものです。

　ここで重要なのは，問題行動を行う気持ちに共感的理解や無条件の肯定的配慮を示すのであって，問題行動を行うことを許容するわけではないということです。共感的理解や無条件の肯定的配慮は，気持ちへの受容，共感であって，行為を許容するものではありません。

③短期的結果

　Aさんの例では，息子さんは暴言を吐くことでAさんが黙るので短期的にメリットを得ていることが分かります。このことが分かると，問題行動の後にデメリットを与えれば良いと考えるかもしれません。しかし，デメリットを与えることで，お子さんは守りの姿勢を更に強めてしまう可能性があります。ここでまずできるのは，お子さんが問題行動を行うことで短期的にメリットを得ていることに理解を示すことです。

④長期的結果

　Aさんの例では，長期的結果の分析から，問題行動によって母親との関係が悪くなるという息子さんが同意できるデメリットが生じることが分かります。長期的に起こりうる息子さんが同意するデメリットについて話し合うことで，息子さんに自省を促すことができます。

　このような機能分析による問題行動の理解は，ポジティブなコミュニケーションの基礎となります。実践をとおして，機能分析の観点からお子さんの行動を理解する習慣を身につけていきましょう。

振り返りシート ❷

以下の質問について，第2回で学んだポイントとして正しいものを（　　）の中に記入するか，もしくは正しい選択肢を○で囲んでください。（回答は巻末（p.185）に記載されています）

1. コミュニケーションの悪循環が起こる過程は，（　　　　　　），（　　　　　　），（　　　　　　　）という3つの部分からなる。

2. 機能分析は，（　　　　　　），（　　　　　　　），問題行動，（　　　　　　　），（　　　　　　　　）の5つの要素からできている。

3. 機能分析において，お子さんが問題行動をすることで生じるデメリットを見つけるとき，お子さんが実際にデメリットだと思っているかどうかはあまり重要ではない。

　　　　　　　　　　　　　　　　　　a. 正しい　　**b.** 間違い

第2回　問題行動の理解

ホームワーク❷ 問題行動の機能分析

機能分析は，お子さんの行動を理解するために重要です。今回は，ワークシート❶の「望ましくない行動」の中から1つ選び，その行動について機能分析をしてみましょう。

問題行動	

外的きっかけ	内的きっかけ

分かったこと	

短期的結果	長期的結果

第2回 問題行動の理解

第3回

暴力的行動の予防

1. はじめに

　第2回では，機能分析を使ってお子さんの問題行動を理解する方法を学びました。学んだことについて，実際にはどの程度できたでしょうか。この点を知るために，以下の質問について0〜10の間で，「非常にできた」場合を10,「どちらでもない」場合を5,「全くできなかった」場合を0としたとき，あなたに最も当てはまる数字1つを○で囲んで下さい。

全くできなかった　　　◀━━　どちらでもない　◀━━　非常にできた

1. ホームワークを適切に行った

   【 0 － 1 － 2 － 3 － 4 － 5 － 6 － 7 － 8 － 9 － 10 】

2. お子さんの問題行動の「きっかけ」が何かを検討した

   【 0 － 1 － 2 － 3 － 4 － 5 － 6 － 7 － 8 － 9 － 10 】

3. お子さんの問題行動の「結果」が何かを検討した

   【 0 － 1 － 2 － 3 － 4 － 5 － 6 － 7 － 8 － 9 － 10 】

4. お子さんの問題行動がどのような悪循環を招いているかを検討した

   【 0 － 1 － 2 － 3 － 4 － 5 － 6 － 7 － 8 － 9 － 10 】

2. ホームワークの復習

　第2回では，ホームワーク❷として問題行動の機能分析をしました。機能分析をして，気付いたことを以下に書き込んでみましょう。

_____

_____

_____

　今回は，第2回で行った機能分析の方法を活かして，暴力的行動を予防する方法について学んでいきます。
　ひきこもりの人を抱える家庭のうち，19.8%で家庭内暴力があるといわれています。家庭内暴力の対象の多くは母親で，暴力の程度は病院の治療が必要ではない程度であるという特徴があります（近藤ら，2008）。そのため，母親は治療を受けることもせず，周囲も気付きにくいため，暴力が家庭内に隠蔽されてしまうものと考えられます。暴力的行動がある場合，家族からの働きかけは困難になり，ひきこもりの悪化につながるという悪循環，さらには家族の命に危険が及ぶこともあります。そのため，暴力的行動を予防することが極めて重要となります。

**行動することで何か良いことが起こったり，
嫌なことがなくなったりするとその行動は繰り返される**

---

3. 暴力的行動の悪循環を整理する

今回は，Bさんの例を使って，暴力的行動について理解する方法を学んでいきましょう。

Bさんは58歳の女性です。29歳になる息子のひきこもりの問題に悩んでいます。Bさんの訴えは以下のようなものでした。

> **エピソード❸**
>
> 息子は29歳になるのですが，自宅にひきこもって家族とのコミュニケーションもあまりありません。自宅にひきこもってから4年以上になります。このままではいけないという思いに駆られますが，焦らせてはいけないとそっとしていました。
>
> しかし，ある日，息子がパソコンでゲームをしているときに，ふと将来のことが不安になり，「将来どうするの？ 少しはこれからのことを考えたら」と言ってしまいました。すると息子は「うるさい！」と怒鳴りながら壁を蹴って穴をあけてしまいました。私は驚いてしまい，何も言えなくなってしまいました。

Bさんの例をきっかけ，反応，結果に分けて整理すると図5のようになります。この例についてワークシート❸を使って機能分析を行ってみましょう。暴力的行動の機能分析は，第2回で行った機能分析とほぼ同じですが，内的きっかけのところに，「赤信号」と書いてある点が異なります。「赤信号」とは，暴力的行動を行う前にお子さんがやっていることで，暴力的行動の兆候になるお子さんの行動です。

図5　暴力的行動の分析

4．実践練習

　ワークシート❸を使ってお子さんの暴力的行動について機能分析をしてみましょう。これまでに暴力的行動がない場合は、これからお子さんに働きかけることで起こりうる暴力的行動を想定して分析してみましょう。ワークシート❸の記入方法を踏まえてBさんの例を機能分析したものをワークシート❸の記入例に示していますので参考にしてください。

ワークシート ❸ 暴力的行動の機能分析

暴力的行動	1. いつもお子さんはどういう暴力的行動を行いますか？

外的きっかけ	内的きっかけ
1. 暴力的行動を行ったとき，お子さんは誰といましたか？ 2. お子さんはいつもどこで暴力的行動を行いますか？ 3. 暴力的行動を行うのは，いつもどの時間帯ですか？ 4. 暴力的行動の直前にあなたがよく言っていることはどんなことですか？	1. お子さんは，暴力的行動の直前に何を考えていたと思いますか？ 2. 暴力的行動の直前，お子さんはどんな気持ちだったと思いますか？ **赤信号** 暴力的行動の直前にお子さんがよく言っていることやしていることは何ですか？

記入方法

| 分かったこと | 1. 機能分析を行って，どんなことが分かりましたか？ 外的きっかけ，内的きっかけ，短期的結果，長期的結果についてそれぞれ考えてみましょう。 |

短期的結果	長期的結果
1. お子さんは暴力的行動を行うことで，どんなメリットを得ていますか？ 2. お子さんは暴力的行動を行う間，もしくは直後にどんなことを考えていると思いますか？ 3. お子さんは暴力的行動を行う間，もしくは直後にどんな気持ちだったと思いますか？	1. 暴力的行動によってお子さんにどんなデメリットがあると思いますか？ 以下の，a～gの領域を参考に考えてみましょう。その後，デメリットの中でも，お子さんが同意すると思われるものに○印をつけましょう。 a. 人間関係： b. 身体面： c. 感情面： d. 法律： e. 仕事： f. 金銭的： g. その他：

第3回　暴力的行動の予防

ワークシート ❸ 暴力的行動の機能分析

暴力的行動	・「うるさい！」と怒鳴りながら壁を蹴る

外的きっかけ	内的きっかけ
・私と一緒にいるとき ・パソコンでゲームをしているとき ・「将来どうするの？　少しはこれからのことを考えたら？」と私が言った	・いっつもうるせーな！　どうしようもないんだからしょうがないだろ！ ・おれだって好きでこんな生活してるわけじゃない！ ・焦り ・イライラしている 赤信号： ・なにかブツブツつぶやいている ・「うるせーな」と言う ・私をにらんでいる

第3回　暴力的行動の予防

記 入 例

分かったこと	・息子の気に障ることを私が言った ・暴言の兆候がある ・暴言を吐くことで，息子はすっきりしている

短期的結果	長期的結果
・怒りをぶつけることができた ・私を黙らせることができた ・こう言ったらもう何も言わなくなるだろう	⊙親に見損なわれる ・しばらくの間，私に話しかけられなくなる ・足をケガする ・私がとても動揺しているのを見て心配になる ・後で後悔する ・息子がケガをしたら病院に行かなきゃいけなくなる ・近所の人に通報されて捕まる ・仕事を探すときに親から協力を受けられなくなる ・親から経済的な援助を受けられなくなる ・血圧が上がる

第3回　暴力的行動の予防

ワークシート ③　暴力的行動の機能分析

暴力的行動	

外的きっかけ	内的きっかけ

| 分かったこと | |

短期的結果	長期的結果

第3回 暴力的行動の予防

5. 暴力的行動の機能分析を理解する上でのポイント

ワークシート❸の機能分析を踏まえて，以下の点について考えてみましょう。

①外的きっかけ

　Bさんの例の機能分析から，息子さんがパソコンでゲームをしている時に，Bさんが「将来どうするの？」と息子さんの気に障ることを言ったという部分的責任がBさんにあることが分かります。また，こうした暴力的行動が起こる場面は，Bさんと二人の場面であることが分かります。

②内的きっかけ

　Bさんの例の機能分析から，息子さんが「いつもうるせーな！」と考えていること，焦りやイライラを感じているであろうことが分かります。こうした内的きっかけに受容，共感を示すことができます。
　また，赤信号の分析から，息子さんが何かブツブツつぶやいていたり，「うるせー」といったときは，それ以上刺激をせずに，息子さんが冷静になるまで安全な距離を保つことで暴力的行動が起こる可能性を減らすことができます。こうした「赤信号」が見られたら，それ以上刺激しないように距離を置くことが重要となります。

③短期的結果

　Bさんの例の分析から，Bさんに怒りをぶつけてすっきりする，Bさんを黙らせることができる，自分をいらだたせるようなことをBさんが言わなくなるだろうと思える，といったメリットを息子さんが

経験していることが分かります。こうした短期的なメリットによって暴力的行動が維持されていることが分かります。

④長期的結果

　Ｂさんの例の機能分析から，こうした暴力的行動を続けることで生じるであろうデメリットを明確にすることができます。例に挙げられたデメリットの中でも，息子さんが同意するものがあれば，それに言及することで，暴力的行動を止めた方がメリットが大きいことを理解してもらうことができます。前回も述べたように，長期的結果におけるデメリットに関しては，息子さんが同意するものであることが重要です。

6．暴力的行動へのタイムアウト

　「タイムアウト」は，暴力的行動をはじめとした望ましくない行動を減らすのに効果的な方法です。「タイムアウト」では，「強化子」を取り除く方法を使います。「強化子」とは，その人が「楽しい（快い）」と感じる刺激です。人は行動をすることで「強化子」を得るというメリットがあるために，その行動を繰り返そうとします。

　暴力的行動への「タイムアウト」の例としては，家族と話すことがお子さんの「強化子」になっている場合に，暴力的行動が起こったら，家族がお子さんから離れるという方法があります。その場を離れるときは，「あなたを怒らせみたいだから，落ち着くまで別の部屋に行っておくね」という言葉をかけるとより良いでしょう。

暴力的行動をはじめとした望ましくない行動を減らす方法として、叱るなど、罰を与えるといった方法がありますが、罰を与える方法はお子さんへの負担が大きく、思わぬ反発を招くことがあるためあまり好ましくありません。罰を与えるのではなく、「強化子」を取り除く「タイムアウト」という方法であれば、お子さんへの負担も少なく、家族も安心して実行できるメリットがあります。

「タイムアウト」において取り除く「強化子」は、以下のようなポイント❶を満たすことが望まれます。

ポイント ❶ 「タイムアウト」に使いやすい強化子のポイント

1. お子さんにとって価値があり、取り除いたら不自由するもの
2. お子さんが望ましい行動をしたときに、家族が再び勧めたいもの
3. 家族が、容易に取り除けるもの
4. 家族が、安全に取り除けるもの
5. 問題行動が起こった直後に、家族が取り除けるもの

取り除く強化子として、上記に当てはまるものはあるでしょうか？ あてはまるものをワークシート❹に書き出してみましょう。

> **ワークシート ❹**
>
> ## 「タイムアウト」に使いやすい「強化子」
>
> - _____
> - _____
> - _____
> - _____
> - _____
> - _____
>
> - _____
> - _____
> - _____
> - _____
> - _____
> - _____

　ワークシート❹をやってみて気付いたかもしれませんが，「タイムアウト」において取り除く「強化子」として最も適しているのは「家族」です。この意味で，「家族」がお子さんの「強化子」になることは暴力的行動をはじめとした望ましくない行動を効果的に減らす上でのひとつの条件となっています。つまり，望ましくない行動を効果的に減らすには，お子さんと家族との良好な関係が重要になるのです。

　ワークシート❹に挙げたような「タイムアウト」に適した「強化子」を，お子さんが暴力的行動をはじめとした問題行動を行った後に取り除くことになります。ポイント❷に，タイムアウトを行うコツを示します。

ポイント ❷　タイムアウトのポイント

1. お子さんが「タイムアウト」をやめるよう頼んでも，速やかに実行しましょう。
2. 危険なものや，壊されては困るものなどはあらかじめ取り除いておきましょう。
3. お子さんが落ち着いてから10分ぐらいのタイミングで「タイムアウト」をやめましょう。
4. 「タイムアウト」の後にお説教はやめましょう。
5. 「タイムアウト」の後にお子さんが望ましい行動をしたら，それを認めてあげましょう。

7. 深刻な暴力から身を守る方法

　ワークシート❸で行った暴力的行動の機能分析の目的は，機能分析で得られた情報を生かして，今後起こりうる暴力的行動を防ぐ方法を見出すことにあります。上手に暴力的行動を回避するためには，まず第一に，家族が暴力的行動の「赤信号」に気付いて安全なところに行く「タイムアウト」を行うか，暴力的行動を引き起こす「きっかけ」を最小限に抑えることが重要です。また，「赤信号」が見られている時に，嫌みを言うなどしてお子さんの怒りを増長させることは避ける必要があります。

　現在かなり危険な状況にあると考えられる場合は，早急にその状況から抜け出す「タイムアウト」を実行する必要があります。かなり危険な状況とは，入院や救急医療を必要とするほどの被害を家族が受けている場合やその恐れがある場合です。そういった場合には，

家族の安全を守ることを最優先にすべきです。そのため，一時的な避難場所を確保すること，必要な場合には法律に基づいた対応（警察への通報や裁判所への申し立て等）について知っておく必要もあります。緊急避難先としては，親戚や友人宅，ホテル，自宅以外のアパートなどが考えられます。

　暴力をはじめとした緊急事態の際の対応について，ひきこもり評価・支援に関するガイドライン（齊藤，2010）の「4-6-c　緊急時の対応に関する考え方」を一読されることをお勧めします。

振り返りシート ❸

以下の質問について，第3回で学んだポイントとして正しいものを（　　）の中に記入するか，もしくは正しい選択肢を○で囲んでください。（回答は巻末（p.186）に記載されています）

1. 行動することで何か（　　　　　）ことが起こったり，（　　　　　）ことがなくなるとその行動は繰り返される。

2. 暴力的行動の機能分析の目的は，機能分析で得られた情報を生かして，今後起こりうる暴力的行動を防ぐ方法を見出すことである。

　　　　　　　　　　　　　　　　　　a. 正しい　　b. 間違い

3. タイムアウトとは，不適切な行動を取った直後に，お子さんの強化子を（　　　　　）というテクニックである。

4. タイムアウトが終わった後に説教をするとよい。

　　　　　　　　　　　　　　　　　　a. 正しい　　b. 間違い

5. タイムアウトの後に，お子さんが望ましい行動をしたら，それを認めてあげることが大切だ。

　　　　　　　　　　　　　　　　　　a. 正しい　　b. 間違い

6. 取り除く強化子は，家族が容易に，かつ安全に取り除けるものがよい。

           a. 正しい **b.** 間違い

7. 暴力的行動を回避するためには，家族が赤信号に気付いて，（   ）に行くか，暴力的行動を引き起こす（   ）を最小限に抑えることが重要である。

8. 現在かなり危険な状況にあると考えられる場合は，家族の安全を守ることを最優先にすべきである。

           a. 正しい **b.** 間違い

ホームワーク❸ 家族の行動に対する機能分析

今回は，これまで学んだ機能分析の応用として，お子さんとうまくコミュニケーションが取れない状況の「家族の行動」について機能分析をしてみましょう。記入方法は，ワークシート❷の記入方法（p.42, 43）を参考にして下さい。

家族の行動	

外的きっかけ	内的きっかけ

| 分かったこと | |

短期的結果	長期的結果

第4回

ポジティブな コミュニケーション スキルの 獲得

1. はじめに

　第3回では，暴力的行動の理解と予防方法について学びました。第3回で学んだことについて，実際にはどの程度できたでしょうか。この点を知るために，以下の質問について0～10の間で，「非常にできた」場合を10,「どちらでもない」場合を5,「全くできなかった」場合を0としたとき，あなたに最も当てはまる数字1つを〇で囲んで下さい。

```
全くできなかった　　　　どちらでもない　　　　非常にできた
```

1. ホームワークを適切に行った

　【 0 － 1 － 2 － 3 － 4 － 5 － 6 － 7 － 8 － 9 － 10 】

2. お子さんの暴力的行動の「きっかけ」が何かを検討した

　【 0 － 1 － 2 － 3 － 4 － 5 － 6 － 7 － 8 － 9 － 10 】

3. お子さんの暴力的行動の「結果」が何かを検討した

　【 0 － 1 － 2 － 3 － 4 － 5 － 6 － 7 － 8 － 9 － 10 】

4. タイムアウトを行う理由を，お子さんにどのように説明するかを検討した

　【 0 － 1 － 2 － 3 － 4 － 5 － 6 － 7 － 8 － 9 － 10 】

5. お子さんが暴力的行動をしたときに，タイムアウトを行った

　【 0 － 1 － 2 － 3 － 4 － 5 － 6 － 7 － 8 － 9 － 10 】

6. 激しい暴力が起こった場合に身を守る方法を検討した

　【 0 － 1 － 2 － 3 － 4 － 5 － 6 － 7 － 8 － 9 － 10 】

2. ホームワークの復習

　第3回のホームワーク❸として，お子さんとうまくコミュニケーションが取れない状況の「家族の行動」に対する機能分析を行いました。ホームワークをして，気付いたことを以下に書き込んでみましょう。

_____

_____

_____

_____

_____

　今回は，機能分析の方法を活かして，コミュニケーションスキルを改善させる方法について学んでいきます。お子さんとのコミュニケーションに困難を抱えている家族は多く，また，お子さんに相談機関の利用を勧める際にもコミュニケーションスキルが必要となります。

> **ポジティブなコミュニケーションは，
> 良好な関係を築くための土台となる。**

3. コミュニケーションの問題を整理する

　今回は，Cさんの例を使って，コミュニケーションスキルの改善について学んでいきましょう。
　Cさんは60歳の女性です。30歳になる息子のひきこもりの問題で悩んでいます。Cさんの訴えは以下のようなものでした。

> **エピソード❹**
> 　息子は30歳になるのですが，自宅にひきこもって仕事をしていません。ある日，昼過ぎに起きてきた息子のことが心配になり，「何もせず家にいるんだから，朝ぐらい早く起きたら」と言ってしまいました。すると息子は「うるさい，同じことを何度も言うな」と言いました。私は，心配している気持ちを分かってくれない息子にイラッとして，思わず「あなたが何度も同じこと言わせているんでしょ。周りはもうみんな働いているっていうのに，毎日毎日こんな時間まで寝て。うちがこんなふうになったのも，みんなあなたのせいよ」と言ってしまいました。
> 　それから，息子は私が声をかけても何も答えてくれなくなってしまいました。

　これまで学んだ，機能分析のポイントを踏まえると，この場面では，まずCさんが「何もせずに家にいるんだから，朝ぐらい早く起きたら」といったところにCさんにも「部分的責任」があったことが分かります。また，「うるさい，同じことを何度も言うな」といったお子さんの内的きっかけ（おそらく，焦りや怒り，「うるせー！　そんなこと分かってる！」という思い）を

考慮せずに,「あなたが何度も同じこと言わせているんでしょ。周りはもうみんな働いているっていうのに,毎日毎日こんな時間まで寝て。うちがこんなふうになったのも,みんなあなたのせいよ」と言ってしまうことで,今の状況になった責任はすべてお子さんにあるというメッセージを伝えてしまっています。その結果,お子さんとのコミュニケーションが取れなくなっています。

このように,お子さんの気持ちを無視した「追い詰める」コミュニケーションを繰り返すと,コミュニケーション自体が取れなくなってしまいます。こうした悪循環に陥らないためにも,お子さんを「惹きつける」コミュニケーションを実践することが重要となります。

4. ポジティブなコミュニケーションの方法

このプログラムで目指している「ポジティブなコミュニケーション」にはポイント❸に示したような8つのポイントがあります。

ポイント ❸　ポジティブなコミュニケーションのポイント

1. 短く
2. 肯定的に
3. 特定の行動に注意を向ける
4. 自分の感情の名前を明確にする
5. 部分的に責任を受け入れる
6. 思いやりのある発言をする
7. 自省を促す
8. 援助を申し出る

この8つのポイントは,大きく2つのパートに分けることができます。

1つ目のパートは、1〜6のポイントです。この1〜6を十分に実践し、お子さんに受容、共感を示すことで、お子さんを惹きつけることができるようになります。コミュニケーションをとるときには、まず1〜6を十分に行い、受容、共感を示し惹きつけることで、お子さんに守りの姿勢を解いてもらい、聞く耳を持ってもらうことが重要です。

　2つ目のパートは、7と8のポイントです。1〜6を十分に行い、お子さんの守りが解け、聞く耳を持った時に、必要最小限の自省を促すことが効果的です。つまりポジティブなコミュニケーションとは、十分な受容、共感を示して惹きつけたうえで必要最小限の自省を促すコミュニケーションであるといえます。

　自省を促した際に、お子さんだけでは解決できないために、お子さんが行き詰った様子を示すことがあります。この時に、家族から援助を申し出ると、その援助を受け入れる可能性が高くなります。お子さんが援助を求めているときに援助を申し出るからこそ、お子さんはその援助を受け入れようと思うのです。

　では次に、それぞれのポイントについて詳しくみていきましょう。

① **短く** ── 長いコミュニケーションは、多くの場合、聞き手の気持ちを削いでしまいます。また、話の要点から注意を逸らしてしまいます。短く話すということは、相手の様子を見て話してもよさそうな内容を取捨選択し、簡潔に伝えることで、相手の話をしっかり聞くことに意識を向けることを意味します。

　話が長くなる理由として、普段あまり会話をしていないことが考えられます。こうしたケースでは、話ができる数少ないチャンスに今まで考えていたこ

とをすべて話そうとするために話が長くなってしまいがちです。また，普段から冗長な話をしてしまう家族も注意が必要です。

> **悪い例**◉お母さんは，あなたが将来どうしたいのかが全然分からないの！もう心配で心配で！　お母さんがあなたくらい若かった頃は，もうやりたいことばかりで，家になんてひきこもっていられなかったわ。あなたみたいに若い人は，みんな夢を持っていて半日だって家にひきこもってなんかいられないものよ！　まったく，少しくらいお母さんに話をしてくれたって死ぬわけじゃないでしょ。
> **良い例**◉もし，何か考えていることがあったら教えてくれないかな？　教えてくれたら，お母さんも何か役に立てると思うんだけど。

②肯定的に ── お子さんの発言に肯定的に反応することが重要です。肯定的に話すには，してほしくないことではなく，してほしいことを伝える方法があります。してほしいことを話すことで，お子さんを責めるような口調が和らぐ効果が期待できます。

　これは，非難したり，悪口を言ったり，悪いところばかりに注目しすぎないということも意味しています。非難するようなトーンで話すと，相手を守りに入らせたり口論になったりしてしまいます。

> **悪い例**◉昼間っから**ゲームするのはやめなさい**（否定的な表現）。
> **良い例**◉今日は天気いいから，日中に**外に出る**（肯定的な表現）と気持ちいいよ。

③特定の行動に注意を向ける――行動の変化は，思考や感情の変化よりも見つけやすく，評価しやすいので，行動に注意を向けることが重要です。また，ほめる時も，叱る時も，具体的にどの行動について言及しているのかを明確にする必要があります。行動を明確にしないほめ方では，次にどの行動をしたらほめられるのかが分からないままになります。また，行動を明確にしない叱り方は，人格を否定することになりかねません。

悪い例◉まったく片付けをしてくれないけど，たまには手伝ったら？
良い例◉夕食の後に自分のお皿を流し台まで運んでくれる（特定の行動）と，とても助かるなぁ。
悪い例◉このままだと駄目だね。
良い例◉イライラしたとき，物にあたる（特定の行動）のはいけないことなんだよ。

---

④自分の感情の「名前」を明確にする――お子さんが問題行動をしたとき，お子さんに対してどのような感情を抱くかを考えてみて下さい。その感情が，冷静，非評価的，非難しないようなものであれば，お子さんの話に共感できることが多いと考えられます。

自分の感情の「名前」を明確にするには，お子さんの行動にどんな感情を抱いているかを家族自身が自覚していることが重要です。たとえば，家族が自身の怒りの感情に気付いていないと，無自覚に相手につらく当たってしまいます。こうした，自身の感情のありのままについて気付くことを「純粋性」と

言います。

　しかし，自身の感情をそのままお子さんに伝えるかについては慎重に検討する必要があります。不快な感情を抱いていることをお子さんに率直に伝えることで，お子さんの自省を促すこともできますが，お子さんの状況によっては思わぬ反発を受けるかもしれません。自身の感情を伝えるかは，お子さんの状況を踏まえたうえで判断しなければいけませんが，自身の感情を自覚する「純粋性」は常に重要となります。

> **悪い例◉** このままじゃ何も変わらないって何度も言ってるでしょ。あなたのために言ってるのに，どうして分かってくれないの！
> **良い例◉** このままだと，この先どうなっちゃうのか，**お母さん心配なんだ（感情の明確化）**。あなたはどう思ってるのかな？

⑤**部分的に責任を受け入れる**——外的きっかけの分析を踏まえて，部分的に責任を受け入れることができるか，問題状況を冷静に振り返ってみてください。これは，単にお子さんを非難したいのではなく，家族が自身の役割をよく考えようとしているのだということを，お子さんに示すことになります。こういった部分的な責任を受け入れるメッセージを最初に伝えることは，お子さんを守りの姿勢に入りにくくさせます。

> **悪い例◉** どうしてそんな口のきき方をするの！ うちの家庭がこんなふうになったのも，みんなあなたのせいよ！
> **良い例◉ お母さんも何度も同じことを言ったのは悪かったわ**（部分的責任の受け入れ）。でもお母さんもあなたの気持ちを知りたいから，何か話してくれないかな。

⑥思いやりのある発言をする ―― 内的きっかけの分析を踏まえて，問題となっていることをお子さんの視点から理解したことを言葉にしてみてください。家族が共感を示せばお子さんが守りに入りにくく，話を聞き入れやすくなります。こうした姿勢は，「共感的理解」や「無条件の肯定的配慮」と言います。

家族の中には「共感的理解」を示すことに抵抗のある人がいます。この背景には，「共感的理解」と許すこととの混同があります。「共感的理解」を示すことで，お子さんの行動を許すことになるのではないかという誤解です。先にも述べましたが，「共感的理解」とは，その行動をする気持ちに理解を示すことであって，その行動を許すことを意味しているわけではありません。「共感的理解」では，気持ちに理解を示すことが重要となります。

「無条件の肯定的配慮」とは，相手のあらゆる発言について肯定的に反応するという意味です。相手の発言に肯定的に反応することで，相手は自分の本音を話しやすくなるのです。

> **悪い例●**あなたが何を考えているのか，まったく理解できないわ。お母さんにもしも自由な時間ができたら，家になんか閉じこもってないで，いろんなことにチャレンジするわよ。
> **良い例●**確かに，今のあなたの状況でいろんなことに挑戦するのも難しいよね。あなた自身も，辛い状況なんだよね。
> **悪い例●**（海外旅行に行きたいといった息子に対して）働いてもいないのに，なに贅沢なこと言ってるの！　私が行きたいわよ。
> **良い例●**（海外旅行に行きたいといった息子に対して）いいわね。どこに行きたいの？（息子が行きたい場所を言う）へぇー。そこに行きたいんだね。……（と会話が続く）

⑦**自省を促す**——短期的結果の分析から，まず問題行動が維持される背景に，お子さんが短期的にメリットを得ているという点に共感的理解を示します。次に，長期的結果の分析を踏まえて，お子さんが同意できるデメリットについて話し合うことで，お子さんの自省を促すことができます。

　ここで大事なのは，伝える順番です。短期的にメリットを得ていることに共感を示すことで相手の守りを解き，そのあとで，長期的に起こりうるお子さんが同意できるデメリットを必要最小限伝えることが効果的です。

　また，自省を促すのは，「やさしさ」と「きびしさ」のうち，「きびしさ」に重点を置いたかかわりですが，お子さんとの関係がうまくいっていないときに自省を促すとお子さんがさらなる守りに入ってしまいます。したがって，お子さんとの関係改善を図ってから，自省を促す方法を試みるようにしましょう。

> 悪い例◉言いたいことを言えないと世間ではやっていけないんだよ。
> 良い例◉**自分のことを言わないでいると，そのときは楽かもしれないけど**（短期的メリットへの共感），それを繰り返していると，**あなたの気持ちが他の人に伝わらなくなっちゃうんだよ**（お子さんが同意できる長期的デメリットへの言及）。

⑧援助を申し出る——自省を促した時にお子さんが行き詰ったような様子を示した場合，非難せず，協力的な支援を申し出ることで，お子さんは援助の申し出を受け入れやすくなります。お子さんが行き詰ったような様子を示した時には，お子さんに「家族にどうしてほしいのか」を言ってもらいましょう。そして，お子さんが言ったことにポジティブなコミュニケーションを使って応答していきましょう。

> 悪い例◉お母さんが将来のことを聞くと，あなたは「うるさい！　そのうち自分で何とかする」って言うけど，結局何もしないじゃない。
> 良い例◉お母さんが将来のことを聞いても，1人で何かを始めるっていうのは難しいと思うから，お母さんに何か手伝えることがあったら，お母さんにどうしてほしいのか言ってね。

5. コミュニケーションスキルの練習の必要性

　コミュニケーションスキルの練習が必要な理由には，以下のようなものがあります。

①家族のほとんどは，お子さんとのコミュニケーションに問題を抱えており，そのことが問題の改善を妨害してしまいます。
②ポジティブなコミュニケーションはお子さんに限らず周囲の人との関係も良くしてくれます。
③ポジティブなコミュニケーションを行うことで，家族全員の生活を向上させることができます。
④コミュニケーションを改善することで，周囲からの支援も受けやすくなります。
⑤ポジティブなコミュニケーションをすると，お子さんが身構えにくくなるため，意思疎通がしやすくなります。
⑥ポジティブなコミュニケーションをすることで，家族のかかわり自体が，お子さんの「強化子」になります。家族のかかわりがお子さんの「強化子」になると，お子さんとのコミュニケーションがとりやすくなるだけではなく，お子さんの望ましい行動を増やすことや望ましくない行動を減らすことも効果的に行えるようになります。
⑦コミュニケーションスキルは実践をしないと身につきません。コミュニケーションスキルは，技能であって知識ではありません。技能は，それを実行するタイミングやスピードが重要です。タイミングよくスピーディーに技能を実行するには，実

践を重ねることが効果的です。

⑧コミュニケーションは，初めは，失敗しても良い状況で練習をしましょう。失敗してもよい状況としては，カウンセリング場面などの守られた状況が最も適しています。または，失敗が許されるような相手（配偶者，友人，など）と練習してみるのもよい方法です。

6. 実践練習

第3回のホームワーク❸の状況を使って，コミュニケーションがうまくいかないとき，どのようにポジティブなコミュニケーションを使えばよいかを練習してみましょう。この練習は，研修を受けた支援者と行うことが効果的ですが，ご自身でやられる場合は，失敗が許される相手と練習してみましょう。練習は，順番通りに進めましょう。

①コミュニケーションが上手くいかない状況を以下に書き込みましょう。

―――――――――――――――――――――――

―――――――――――――――――――――――

②ポジティブなコミュニケーションを使うと①の状況のやりとりがどのように変化するかを，相手の方にお子さん役になってもらって練習しましょう。

③練習の感想を以下に書き込みましょう。

_____

_____

④相手をしてくれた方に，あなたがうまくできていた
　ところを教えてもらい以下に書き込みましょう。

_____

_____

⑤こうするとよりよくなるという点を，相手をしてく
　れた方と一緒に考えて以下に書き込みましょう

_____

_____

　うまくできていたところ，こうするとよりよくなる
ところを考える際には，以下のポイントを参考にして
ください。

- ポジティブなコミュニケーションの8つのポイント（短く，肯定的に，特定の行動に注意を向ける，自分の感情の名前を明確にする，部分的に責任を受け入れる，思いやりのある発言をする，自省を促す，援助を申し出る）が実践できていたか。
- 姿勢，視線，表情，声の大きさ，話す早さ，声のトーン，伝わる雰囲気，印象に残った言葉，などで上手だったところはないか。

振り返りシート ❹

以下の質問について，第4回で学んだポイントとして正しいものを（　　）の中に記入するか，もしくは正しい選択肢を○で囲んでください。（回答は巻末（p.188）に記載されています）

1. （　　　　　　）なコミュニケーションは，良好な関係を築くための土台となる。

2. コミュニケーションスキルは，お子さんに受療を勧めるときにも必要である。

　　　　　　　　　　　　　　　　　　a. 正しい　　b. 間違い

3. コミュニケーションは（　　　　　　）をしないと身に付かない。

4. ポジティブなコミュニケーションスキルの8つのポイントは，（　　　　），肯定的に，（　　　　　　　），（　　　　　　　　），部分的に責任を受け入れる，（　　　　　　　　　），（　　　　　　），（　　　　　　　　）である。

5. ポジティブなコミュニケーションでは，時間をかけて長く詳しく話すことが効果的である。

　　　　　　　　　　　　　　　　　　a. 正しい　　b. 間違い

6.「部分的に責任を受け入れる」ことで，あなたが単に（　　　　　　）したいのではないというメッセージをお子さんに伝えることができ，お子さんが（　　　　　　）に入りにくくなる。

ホームワーク ❹　ポジティブなコミュニケーションの実践

第4回で学んだ「ポジティブなコミュニケーション」を実践してみましょう。

実践した状況	あなたの行動・発言

第4回 ポジティブなコミュニケーションスキルの獲得

| 分かったこと | |

工夫したところ	相手の反応

第5回

上手にほめて
望ましい行動を
増やす

1. はじめに

　第4回では，ポジティブなコミュニケーションの方法について学びました。第4回で学んだことについて，実際にはどの程度できたでしょうか。この点を知るために，以下の質問について0～10の間で，「非常にできた」場合を10,「どちらでもない」場合を5,「全くできなかった」場合を0としたとき，あなたに最も当てはまる数字1つを○で囲んで下さい。

全くできなかった　　　　　　どちらでもない　　　　　　非常にできた

1. ホームワークを適切に行った

　【 0 － 1 － 2 － 3 － 4 － 5 － 6 － 7 － 8 － 9 － 10 】

2. コミュニケーションスキル訓練の必要性を理解した

　【 0 － 1 － 2 － 3 － 4 － 5 － 6 － 7 － 8 － 9 － 10 】

3. 「短く」話すようにした

　【 0 － 1 － 2 － 3 － 4 － 5 － 6 － 7 － 8 － 9 － 10 】

4. 「肯定的に」話すようにした

　【 0 － 1 － 2 － 3 － 4 － 5 － 6 － 7 － 8 － 9 － 10 】

5. 「特定の行動に注意を向ける」ようにした

　【 0 － 1 － 2 － 3 － 4 － 5 － 6 － 7 － 8 － 9 － 10 】

6.「自分の感情の名前を明確にする」ようにした

【 0 － 1 － 2 － 3 － 4 － 5 － 6 － 7 － 8 － 9 － 10 】

7.「部分的に責任を受け入れる」ようにした

【 0 － 1 － 2 － 3 － 4 － 5 － 6 － 7 － 8 － 9 － 10 】

8.「思いやりのある発言をする」ようにした

【 0 － 1 － 2 － 3 － 4 － 5 － 6 － 7 － 8 － 9 － 10 】

9.「自省を促す」ようにした

【 0 － 1 － 2 － 3 － 4 － 5 － 6 － 7 － 8 － 9 － 10 】

10.「援助を申し出る」ようにした

【 0 － 1 － 2 － 3 － 4 － 5 － 6 － 7 － 8 － 9 － 10 】

2. ホームワークの復習

　第4回のホームワーク❹として「ポジティブなコミュニケーション」の実践の記録を作りました。ホームワークをやってみて，気付いたことを以下に書き込んでみましょう。

_____

_____

_____

今回は，第4回で学んだポジティブなコミュニケーションを活かして，望ましい行動を増やす方法を学んでいきます。望ましい行動を増やす方法を学ぶことは，お子さんが挨拶をしたり，外出をしたり，将来的には就職活動をするといった望ましい行動を増やしていくことに役立ちます。

> 行動することで何か良いことが起こったり，
> 嫌なことがなくなったりするとその行動は繰り返される。

3. 行動が繰り返される理由を考える

今回はDさんの例を使って行動が繰り返される理由について考えてみましょう。

Dさんは建設作業員で，工事現場で毎日働いています。しかし，いまの仕事は同じ仕事の繰り返しで，体力的にも辛く，Dさんは働きながら，「面倒だなあ」，「やめたいなあ」と毎日のように思っています。それでもDさんは実際には仕事をやめません。Dさんが毎日働き続けるのは，なぜなのでしょうか？

Dさんが働き続けるメカニズムを示したのが図6です。図6から分かるように，働き続けることで，短期的にはデメリットを経験しますが，長期的にはメリットを経験できます。このように働いた結果，良いことが起こると，また働こうというやる気がわいてくるのです。つまり，第3回でも扱った「強化子」を長期的に得られることが仕事を続ける理由となっているのです。繰り返しになりますが，「強化子」とはその人が「楽しい（快い）」と感じるものです。人は，強化子に

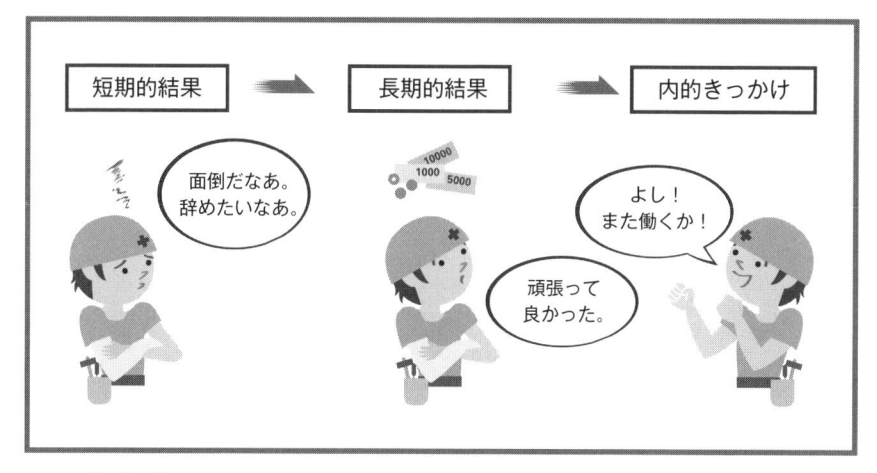

図6 行動が繰り返される理由

よって満足感を得るために、その行動を繰り返すのです。

4. 適切な「強化子」

では、お子さんには、どのような刺激（物、行動、発話、活動）が強化子となるでしょうか？

次の例を参考に、ワークシート❺にお子さんの強化子のリストを作成してみましょう。リストを作るコツは、あまり深く考えすぎずに、思いつく限りたくさん書き出してみることです。

「強化子」はお子さんが喜ぶことが一番大切です。家族にとってではなく、お子さんにとってという視点で考えてみましょう。

「強化子」は、手軽に使えることが重要です。ですので、お金がかかる「強化子」（例▷物を与える、な

ワークシート ❺

お子さんの強化子のリスト

例

- お金
- 自由な時間
- ゲーム
- 好きな食べ物
- 漫画
- 一緒に時間を過ごす
- 買い物に行く
- 外食する

- 図書館に行く
- ほめる
- 感謝する
- 手伝いをお願いする
- ドライブ
- 運動
- スポーツ
- 音楽を聴く

- _____
- _____
- _____
- _____
- _____
- _____
- _____

- _____
- _____
- _____
- _____
- _____
- _____
- _____

ど）は，頻繁に与えることはできません。また，「強化子」は望ましい行動をした後，すぐに与えることが重要です。ですので，すぐに与えられない「強化子」（例▷好きな食べ物を与える，など）は「強化子」としては適切ではありません。さらに，「強化子」は家族が安心して与えられるものである必要があります。お子さんは喜んでも，家族から見てお子さんのためにならないような「強化子」（例▷タバコ，お酒，など）は適切な「強化子」ではありません。

したがって，ワークシート❺の「強化子」のうち，ポイント❹を満たすような「強化子」であることが望まれます。ワークシート❺に挙げたお子さんの「強化子」は，これらの基準を満たしているでしょうか。これらのポイントに当てはまる「強化子」は，一人一人異なります。

ポイント ❹ 適切な強化子のポイント

1. お子さんが喜ぶ
2. お金をかけるとしても高価でない
3. すぐに与えられる
4. 家族が安心して与えられる

このような視点から適切な「強化子」を選ぶと，最も適切な「強化子」は，言葉でほめることであることが分かります。つまり，望ましい行動を増やすには，お子さんがほめられたと思えるようなかかわり方をすることが重要です。「お子さんがほめられたと感じる」，という点が重要であることを理解してください。

お子さんがより喜ぶ強化子が，望ましい行動を増やすのにより効果的です。また，実際にお子さんの望ましい行動に働きかけるときには，第4回で練習したポジティブなコミュニケーションが参考になります。ポジティブなコミュニケーションに沿ったかかわり方自体が，お子さんにとって強化子になるのです。

5．増やす行動を選択する

　次に，実際に増やしたいお子さんの望ましい行動を選びましょう。そのために，まず，お子さんの望ましい行動をリストアップしてみましょう。お子さんの望ましい行動については，第2回で行ったワークシート❶（p.34）を参考にしてください。
　ワークシート❻に記入したもののうち，増やすのに適した望ましい行動はポイント❺を満たす行動です。
　増やすのに適した望ましい行動は，お子さんが喜んでやっている行動であることが理想的です。
　ポイント❺のうち，時間や機能が望ましくない行動と重なっているという点は少し難しいかもしれません。たとえば，日中に家でゲームをするという行動が望ましくない行動として生じているとき，日中に外出するという望ましい行動は，望ましくない行動と時間が重なっています。このように，望ましくない行動と時間が重なっている望ましい行動を増やすことで，望ましくない行動が必然的に減ることになります。
　また，不満があった時に物にあたるという望ましくない行動は，不満があった時にどうしてほしいのかを言葉で伝えるという望ましい行動と機能が重なっています。機能が重なるというのは，役割が同じであると

> **ワークシート ❻**
>
> ## 望ましい行動のリスト
>
> - _____
> - _____
> - _____
> - _____
> - _____
> - _____
> - _____
>
> - _____
> - _____
> - _____
> - _____
> - _____
> - _____
> - _____

第5回　上手にほめて望ましい行動を増やす

ポイント ❺　増やしたい行動を選ぶポイント

1. お子さんが喜ぶ
2. 時間や機能が望ましくない行動と重なっている
3. 現在かなり頻繁に起きているか，今後頻繁に起こりうる
4. できれば家族も喜べる

いうことです。つまり，物にあたるという行動もどうしてほしいのかを言葉で伝える行動も，ともに不満を解消するという役割を持つ行動になります。望ましくな

い行動と同じ機能を持った望ましい行動を増やすことで，望ましくない行動が必然的に減ることになります。

　時間や機能が望ましくない行動と重なっているという点を踏まえることで，必然的に望ましくない行動が減る望ましい行動を明確にすることができます。

　増やす望ましい行動を選ぶ場合には，現在かなり頻繁に起きているか，今後頻繁に起こりうる行動にすることも重要です。現在起こっている行動をほめて増やすことは可能ですが，現在起こっていない行動はほめることができません。現在起こっていない望ましい行動を引き出す工夫については，後に紹介する「望ましい行動を引き出す工夫」を参考にしてください。最後のポイントとして，家族も喜べる行動にすることで，家族の動機づけも高まるものと考えられます。

　ポイント❺を参考に，ワークシート❻にリストアップした望ましい行動から，増やしたい望ましい行動を一つ選び，以下に記入しましょう。

選択した望ましい行動

6. 望ましい行動の機能分析

　ワークシート❼にお子さんの望ましい行動について機能分析しましょう。次のワークシート❼の記入方法には、ワークシート❼を作成する際に参考になる質問を示しています。Ｄさんの例を機能分析したものをワークシート❼の記入例に示していますので参考にしてください。

ワークシート ❼ 望ましい行動の機能分析

望ましい行動	1. お子さんはどんな望ましい行動をしましたか？ 2. お子さんはその行動をどのくらい繰り返していましたか？ 3. お子さんはその行動をどのくらいの時間していましたか？

外的きっかけ	内的きっかけ
1. その行動をしているとき，お子さんは誰といましたか？ 2. お子さんがその行動をした場所はどこですか？ 3. お子さんがその問題行動をしたのは，いつですか？	1. その行動の直前に，お子さんは何を考えていたと思いますか？ 2. その行動の直前，お子さんはどんな気持ちだったと思いますか？

| 記入方法 |

| 分かったこと | 1. 機能分析を行って，どんなことが分かりましたか？ 外的きっかけ，内的きっかけ，短期的結果，長期的結果についてそれぞれ考えてみましょう。 |

短期的結果	長期的結果
1. その行動を行うことで，お子さんにはどんなデメリットがありましたか？ 2. お子さんはその行動をしている間，どんなことを考えていたと思いますか？ 3. お子さんは行動をしている間，どんな気持ちだったと思いますか？	1. その行動によってお子さんにどんなメリットがあると思いますか？ 以下の，a～gの領域を参考に考えてみましょう。その後，メリットの中でも，お子さんが同意すると思われるものに○印をつけましょう。 a．人間関係： b．身体面： c．感情面： d．法律： e．仕事： f．金銭的： g．その他：

第5回 上手にほめて望ましい行動を増やす

ワークシート ❼　望ましい行動の機能分析

望ましい行動	・働く ・月曜〜金曜の週5日間 ・9〜17時

外的きっかけ	内的きっかけ
・職場の人といる ・職場 ・平日の朝9時から夕方5時	・面倒だなぁ ・仕事なんて辞めたいなぁ ・昨日は寝るのが遅かったし，今日はサボりたいなぁ ・眠い中で仕事をするのを憂うつに感じている ・気が進まない仕事をしなくてはいけなくて，落ち込んでいる

記 入 例

分かったこと	・ 短期的にデメリットがあるが，長期的にはメリットがある ・ 仕事をしている最中はつらいのに頑張っている ・ 経済的に自立するためなら息子もやる気になりそう

短期的結果	長期的結果
・ 同じ仕事ばかりで飽きる ・ 体力が消耗する ・ 気が進まない仕事をしてストレスを感じる ・ 疲れる ・ お腹が空く ・ 何も自分がしたいようにはできない ・ 毎日俺は何のためにこんなことをしてるんだろう ・ イライラを感じている ・ 疲労感を抱いている	・ 親子関係が良くなる（言い争いが減る） ・ 健康的な身体になる ・ 将来への不安が減る ・ 自信がつく ・ キャリアアップも考えられるようになる ・ ⊙経済的に自立できる ・ 生活に余裕ができる ・ 生きがいを感じられる

ワークシート ❼ 望ましい行動の機能分析

望ましい行動	

外的きっかけ	内的きっかけ

| 分かったこと | |

短期的結果	長期的結果

第5回 上手にほめて望ましい行動を増やす

7. 望ましい行動の機能分析を理解する上でのポイント

　望ましい行動の機能分析からどんなことが分かったでしょうか？　望ましい行動の分析から，望ましい行動の特徴が明らかになります。

　望ましくない行動の特徴は，短期的にはメリットがあるけれども長期的にデメリットがあるという点でした。一方で，望ましい行動の特徴は，短期的にはデメリットがあることもあるが，長期的にはメリットがあるという点です。つまり，長期的にメリットがあるのはすべての望ましい行動に共通していますが，短期的には必ずしもメリットがあるわけではないというのが望ましい行動の特徴です。

　望ましい行動のうちで，まず増やしやすいのは，短期的にも長期的にもメリットがある行動です。こうした行動を「楽しい行動」といいます。そして，短期的にはデメリットがあるけれども長期的にはメリットがあるような望ましい行動を「達成感のある行動」といいます。

　望ましい行動を増やす際には，「楽しい行動」を増やすことから始めて，お子さんが自信をつけ，元気が出てきた後に，「達成感のある行動」を増やすという手順で進めていくのが効果的です。図1（p.18）で示したひきこもりの回復過程においては，「楽しい行動」を増やすことが「できることを重ねていく」ことになり，「達成感のある行動」をできるようになることが「価値ある生活」ということになります。

8. 望ましい行動を引き出す

　お子さんが望ましい行動をしていない場合，まずは望ましい行動の中でも「楽しい行動」を引き出すような工夫ができると良いでしょう。現時点では，「達成感のある行動」をしていないお子さんが多いと思われますが，「達成感のある行動」を引き出す工夫が効果的な場合もあります。望ましい行動を引き出す工夫とは以下のようなものです。

①自由に行動できるように，安心できる接し方をする。
　　新たな行動を試みるには，安心感が必要です。安心できる状況であれば，これまでやってこなかった新たな行動にも挑戦しようという気持ちが湧いてきます。したがって，望ましい行動を引き出す工夫の一つとして，お子さんが安心できるようにポジティブなコミュニケーションを使った接し方をしてあげることが有効です。
②望ましい行動をお子さんがやれるように，家族がやらないで，あえて残しておいてあげる。
　　お子さんが望ましい行動をできる機会を残しておいてあげることも有効です。家族がやってしまった方が早くて楽な場合もあるかもしれませんが，あえて家族がやらずにお子さんがやる機会を残しておいてあげる工夫が効果的です。
③家族が望ましい行動を楽しそうにやっている姿を見せる。
　　人は，他の人がやっていることを見て学ぶことができます。これを「観察学習」といいます。「観察学習」をするには，その行動をやった人がメリット

を得ている状況を観察することが重要です。この考えに従うならば，望ましい行動を家族が楽しそうにしている姿を見ることで，お子さんもやってみようという気持ちになるのです。お子さんがやりたくなるような明るい雰囲気を作る工夫が効果的です。

④望ましい行動を一緒にやらないか軽く誘ってみる。

　お子さんに望ましい行動を一緒にやらないかと誘ってみる方法もあります。誘う場合には，お子さんが興味を示しているタイミングを利用すると誘いに乗ってくる可能性は高くなります。ただし，誘う場合にはお子さんの意思を尊重しつつ軽く誘う程度にしましょう。

⑤お子さんに手伝いとして望ましい行動をやってほしいと頼んでみる。

　お子さんの中には特別扱いされるのに抵抗を持っている人が少なくありません。子どもや病人を扱うような接し方では，お子さんは誘いに乗ってきてくれないのです。ですので，お子さんを頼りにし，手伝ってもらうという姿勢の方が，お子さんは動きやすい場合があります。お子さんの助けが必要であることが伝われば，力を貸してくれる可能性も高くなるでしょう。

⑥望ましい行動をしたらご褒美をあげる約束を提案してみる。

　お子さんが望ましい行動をしたらご褒美をあげるという約束をする方法もあります。これは仕事の契約に近いものです。約束をするには事前の話し合いが必要です。どういった行動に対してどのようなご褒美を与えるのかについて明確に決めることで，お子さんの動機づけが高まって望ましい行動を引き出すことが可能になります。

これらの方法は，いずれもお子さんの望ましい行動を引き出す工夫です。大事なのは，望ましい行動をほめることですので，お子さんがどんな形にしろ望ましい行動をした場合は，お子さんがほめられたと感じるようなほめ方をすることが重要です。
　お子さんの望ましい行動を引き出すには，上記以外どんな工夫があるでしょうか？　以下のワークシート❽に書き込んでみましょう。

ワークシート ❽

お子さんの望ましい行動を引き出す工夫

- _____
- _____
- _____
- _____
- _____
- _____
- _____

9. 実践練習

　今回選択したお子さんの望ましい行動をほめる練習をしてみましょう。この練習は，研修を受けた支援者と行うことが効果的ですが，ご自身でやられる場合は，失敗が許される相手と練習してみましょう。練習は，順番通りに進めましょう。

　①お子さんが望ましい行動をした状況を以下に書き込みましょう。

_____

_____

　②相手の方にお子さん役になってもらって，お子さんの望ましい行動をほめる練習をしましょう。

　③練習の感想を以下に書き込みましょう。

_____

_____

④相手をしてくれた方に，あなたがうまくできていた
　ところを教えてもらい以下に書き込みましょう。

_____

_____

⑤こうするとよりよくなるという点を，相手をしてく
　れた方と一緒に考えて以下に書き込みましょう。

_____

_____

　うまくできていたところ，こうするとよりよくなる
ところを考える際には，以下のポイントを参考にして
ください。

- ポジティブなコミュニケーションの8つのポイント（短く，肯定的に，特定の行動に注意を向ける，自分の感情の名前を明確にする，部分的に責任を受け入れる，思いやりのある発言をする，自省を促す，援助を申し出る）が実践できていたか。
- 姿勢，視線，表情，声の大きさ，話す早さ，声のトーン，伝わる雰囲気，印象に残った言葉，などで上手だったところはないか。

振り返りシート ❺

> 以下の質問について，第5回で学んだポイントとして正しいものを（　　）の中に記入するか，もしくは正しい選択肢を○で囲んでください。（回答は巻末 (p.190) に記載されています）

1. 強化子とは，その人が「楽しい（快い）」と感じるものである。

    a. 正しい　　**b.** 間違い

2. 適切な強化子のポイントには，（　　　　　　　　　　　），（　　　　　　　　　　　），（　　　　　　　　　　　），（　　　　　　　　　　　）の4つがある。

3. 望ましい行動のうち，増やしたいものを選ぶ基準は，（　　　　　　　　　），時間や機能が望ましくない行動と重なっている，（　　　　　　　　　　　），（　　　　　　　　　　　）である。

4. 望ましい行動を引き出すには，叱咤激励が有効である。

    a. 正しい　　**b.** 間違い

5. 望ましい行動を一緒にやるように誘う時は，絶対に断られないように強い意志で誘わなければならない。

    a. 正しい　　**b.** 間違い

第 5 回 上手にほめて望ましい行動を増やす

ホームワーク ⑤　お子さんの望ましい行動を増やす実践

第5回で学んだ内容を参考に，実際にお子さんの望ましい行動をほめてみましょう。

増やしたい お子さんの 望ましい行動	

実践した状況	あなたの行動・発言

第5回 上手にほめて望ましい行動を増やす

お子さんの強化子	

お子さんの様子	実践して気付いたこと

第6回

先回りをやめ,
しっかりと向き合って
望ましくない行動を
減らす

1. はじめに

　第5回では，望ましい行動を増やす方法について学びました。第5回で学んだことについて，実際にはどの程度実践できたでしょうか。この点を知るために，以下の質問について0～10の間で，「非常にできた」場合を10,「どちらでもない」場合を5,「全くできなかった」場合を0としたとき，あなたに最も当てはまる数字1つを〇で囲んで下さい。

　　全くできなかった　　⬅　　どちらでもない　　⬅　　非常にできた

1. ホームワークを適切に行った

　　【 0 － 1 － 2 － 3 － 4 － 5 － 6 － 7 － 8 － 9 － 10 】

2. 強化子がどのようなものかを理解した

　　【 0 － 1 － 2 － 3 － 4 － 5 － 6 － 7 － 8 － 9 － 10 】

3. お子さんの強化子が何かを理解した

　　【 0 － 1 － 2 － 3 － 4 － 5 － 6 － 7 － 8 － 9 － 10 】

4. お子さんの望ましい行動を増やす働きかけをした

　　【 0 － 1 － 2 － 3 － 4 － 5 － 6 － 7 － 8 － 9 － 10 】

5. お子さんの望ましい行動を引き出す工夫をした

　　【 0 － 1 － 2 － 3 － 4 － 5 － 6 － 7 － 8 － 9 － 10 】

2. ホームワークの復習

　第5回のホームワーク❺として，望ましい行動をほめる練習をしました。実際にやってみて，気付いたことを以下に書き込んでみましょう。

_____

_____

_____

_____

　今回は，望ましくない行動を減らす方法として，「どうしてほしいの？」のコミュニケーション，「先回りし過ぎるのを止めてみる」という2つの方法を学びます。第2回で説明したとおり，ひきこもっているお子さんが示す問題行動には様々なものがあります。今回学ぶことは，こういった問題行動を減らすときに役立ちます。

行動することで何か悪いことが起こったり，良いことがなくなったりするとその行動をしなくなる。

3. 望ましくない行動の悪循環を整理する

　今回はEさんの例を使って望ましくない行動の悪循環を理解していきましょう。Eさんは58歳の女性です。25歳になる息子のひきこもりの問題に悩んでいます。Eさんの訴えは以下のようなものでした。

> **エピソード❺**
>
> 　息子は25歳になるのですが、自宅にひきこもって仕事をしていません。自宅にひきこもってから6カ月近くになります。
> 　最近、夜中になると息子が過去の子育てについての不満を私にぶつけてきます。不満の内容は、「小さいころ、塾に入れられたけど、あの塾でいじめられたのがこうなった原因だ」、「お前が大学に行けっていうから言ったのに何にもならなかった」というものなどです。私としては、塾も大学も息子が行きたいと言ったから行かせたんだと言うのですが、納得せず、夜通し不満をぶつけられ、何も言えずにじっと聞いているしかできません。これからも、こんな不満をぶつけられる日々が続くのかと思うと、とてもつらくなってしまいます。

　息子さんの不満を言い続ける行動について、これまで学んだ機能分析を使って分析してみましょう。次のワークシート❾の記入方法には、ワークシート❾を作成する際に参考になる質問を示しています。ワークシート❾は第2回で行ったワークシート❷と同じものですので、ワークシート❷の記入例（p.44, 45）も参考にしましょう。

第6回

先回りをやめ、しっかりと向き合って望ましくない行動を減らす

ワークシート ⑨ 問題行動の機能分析

問題行動	1. お子さんはどんな問題行動をしましたか？ 2. お子さんはその問題行動をどのくらい繰り返していましたか？ 3. お子さんはその問題行動をどのくらいの時間していましたか？

外的きっかけ	内的きっかけ
1. その問題行動をしているとき，お子さんは誰といましたか？ 2. お子さんがその問題行動をした場所はどこですか？ 3. お子さんがその問題行動をした時間帯はいつですか？ 4. その問題行動をする直前に，お子さんは何をしていましたか？ 5. その行動をする直前に，お子さんの周囲で何が起こっていましたか？	1. その問題行動の直前に，お子さんは何を考えていたと思いますか？ 2. その問題行動の直前，お子さんはどんな気持ちだったと思いますか？

記入方法

分かったこと	1. 機能分析を行って，どんなことが分かりましたか？ 外的きっかけ，内的きっかけ，短期的結果，長期的結果についてそれぞれ考えてみましょう。

短期的結果	長期的結果
1. お子さんはその問題行動を行うことで，どんなメリットを得ていますか？ 2. お子さんはその問題行動をしている間，どんなことを考えていたと思いますか？ 3. お子さんは問題行動をしている間，どんな気持ちだったと思いますか？	1. その問題行動によってお子さんにどんなデメリットがあると思いますか？ 以下の，a～gの領域を参考に考えてみましょう。その後，デメリットの中でも，お子さんが同意すると思われるものに○印をつけましょう。 a．人間関係： b．身体面： c．感情面： d．法律： e．仕事： f．金銭的： g．その他

ワークシート ⑨　問題行動の機能分析

問題行動	

外的きっかけ	内的きっかけ

分かったこと	

短期的結果	長期的結果

4. どうしてほしいの？の コミュニケーション

　こういった望ましくない行動を減らす方法として,「どうしてほしいの？」のコミュニケーションがあります。
　行動には, お子さんからのメッセージが込められています。そのメッセージを理解するために, ポジティブなコミュニケーションの1～6のポイントをしっかり実践し, お子さんの守りを十分に解いたうえで「どうしてほしいの？」と優しく語りかけてみましょう。そうすると, お子さんはあなたにどうしてほしいかを伝えてくるでしょう。そのときに, ポジティブなコミュニケーションを使って会話を続けていくと良いのです。
　「どうしてほしいの？」と優しく語りかけることで, お子さんは自分の思いを言葉で伝えられるようになり, 問題行動を起こさなくても良くなるのです。

5. 先回りし過ぎるのを止めてみる

　家族は, 意図せずとも, お子さんの望ましくない行動が繰り返されることを,「助長させている」ことがあります。つまり, 望ましくない行動の結果, お子さんが経験するはずのデメリットを家族が先回りして防ぐことで, お子さんはデメリットに直面せず, 痛い目を見ないために望ましくない行動が維持されるのです。
　エピソード❻のようなときに, 問題行動を「助長させている」といえるかもしれません。

> **エピソード ❻**
> 　息子は29歳になるのですが，自宅にひきこもって仕事をしていません。最近家では落ち着いていて，家族とも話ができ，食事も一緒に取れるようになってきました。しかし，息子は自分の部屋の掃除をしないので，部屋中に空き缶やペットボトルが散らかり，ゴミだらけになってしまっています。そのような状態でも息子はとくに困っているようにも見えず，何も言わないのですが，そのままでは健康にも悪影響なのではと思い，いつも私が息子のいないときに片づけをしています。このままでは息子は片づけもできない人間になってしまうのでは……と心配しているのです。

　この例では家族がどんな先回りをしているでしょうか？　また，先回りしてしまうのは，家族のどんな感情（例▷罪，怒り，恥，悲哀）からでしょうか？

　この例では，息子さんの部屋を掃除することで，息子さんが自分で掃除するチャンスを奪い，部屋を散らかす行動を助長してしまっている可能性があります。

　こうした先回りの行動は，家族の行き過ぎた優しさから生じるものです。この例では，家族は息子さんに喜んでもらおうという優しさ，家にいて何もすることがないのに，汚い部屋にいてかわいそうだと思う気持ちから掃除をしてあげたものと考えられます。

　このように家族は自分では意図せず先回りをして，望ましくない行動を「助長させている」ことがあるのです。

　あなたは先回りしてしまっているところはないでしょうか？　先回りしてしまうのは，あなたのどういった感情ですか？　お子さんの問題行動が起こるのを手伝っていることはありませんか？　これらのことにつ

> **ワークシート⓾**
>
> ### 家族の先回りと気持ち
>
> _____
>
> _____
>
> _____
>
> _____
>
> _____
>
> _____

いて，ワークシート⓾に書き込んでみましょう。

　もしあなたが先回りしすぎているところがあるのであれば，その先回りをできるだけやめる必要があります。先回りをやめ，お子さんの問題行動によって起こるべきデメリットにお子さんを直面させることは，お子さんが成長する機会になったり，お子さんが支援を求めるきっかけにもなります。

　ただし，ひきこもりから生じる当然の結果すべてに，お子さんを直面させると，お子さんの生活は成り立たなくなってしまう恐れがあります。したがって，その結果に直面させることが安全であること，そして直面

化させた結果，お子さんがその状況を克服し乗り越えられるという見込みがあることが重要です。

　ここで大事なことは，安全が保証でき，お子さんにとってプラスになる見込みがある場合，家族の先回りを減らせるところまで減らしてみるということです。

　ここで注意するポイントは以下のものです。

①お子さんの安全を確保し，お子さんにとって成長の機会となるように配慮しながら，できるだけ先回りをやめられる部分を見つけていきましょう。
②デメリットへ直面させることはいつか必要になりますが，直面させるタイミングを間違うと家族関係の悪化を招いてしまいます。直面させても家族関係が悪化しないよう適切なタイミングを見定めましょう。

> ①そのデメリットに直面させるのは安全ですか？
> ②そのデメリットに直面化させることは，お子さんや家族関係にいい影響を及ぼす見込みがありますか？

6. 実践練習

　今回はポジティブなコミュニケーションや「どうしてほしいの？」のコミュニケーションを使って，望ましくない行動について話し合うコミュニケーションを練習してみましょう。この練習は，研修を受けた支援者と行うことが効果的ですが，ご自身でやられる場合は，失敗が許される相手と練習してみましょう。練習は，順番通りに進めましょう。

　①お子さんが望ましくない行動をした状況

---

　②相手の方にお子さん役になってもらって，お子さんの望ましくない行動について話し合う練習をしましょう。

　③練習の感想を以下に書き込みましょう。

---

④相手をしてくれた方に,あなたがうまくできていたところを教えてもらい以下に書き込みましょう。

_____

_____

⑤こうするとよりよくなるという点を,相手をしてくれた方と一緒に考えて以下に書き込みましょう。

_____

_____

うまくできていたところ,こうするとよりよくなるところを考える際には,以下のポイントを参考にしてください。

- ポジティブなコミュニケーションの8つのポイント(短く,肯定的に,特定の行動に注意を向ける,自分の感情の名前を明確にする,部分的に責任を受け入れる,思いやりのある発言をする,自省を促す,援助を申し出る)が実践できていたか。
- 姿勢,視線,表情,声の大きさ,話す早さ,声のトーン,伝わる雰囲気,印象に残った言葉,などで上手だったところはないか。

振り返りシート ❻

> 以下の質問について，第6回で学んだポイントとして正しいものを（　）の中に記入するか，もしくは正しい選択肢を○で囲んでください。（回答は巻末（p.191）に記載されています）

1. 望ましくない行動を減らすのにポジティブなコミュニケーションは役に立たない。

             a. 正しい　　**b.** 間違い

2. 望ましくない行動を減らすには，まず最初にどうしてほしいのかを尋ねることが効果的である。

             a. 正しい　　**b.** 間違い

3. 先回りをやめることは，お子さんが（　　　　　　）したり，（　　　　　　）きっかけになる。

4. デメリットに直面化させるときに大切なことは，（　　　　　　）が保証され，お子さんにとって（　　　　　　）になる見込みがある場合，家族の先回りを（　　　　　　）まで減らしてみるということである。

第6回

先回りをやめ，しっかりと向き合って望ましくない行動を減らす

ホームワーク ❻ 望ましくない行動について話し合う実践

第6回の内容を参考に,実際に望ましくない行動についてお子さんと話し合ってみましょう。

お子さんと話し合う望ましくない行動	

実践した状況	あなたの行動・発言

望ましくない行動の機能分析から分かったこと	

お子さんの様子	実践して気付いたこと

第6回 先回りをやめ、しっかりと向き合って望ましくない行動を減らす

第7回

家族自身の生活を豊かにする

1. はじめに

　第6回では，望ましくない行動について話し合う方法，先回りするのをやめる方法について学びました。第6回で学んだことについて，実際にはどの程度実践できたでしょうか。この点を知るために，以下の質問について0～10の間で，「非常にできた」場合を10,「どちらでもない」場合を5,「全くできなかった」場合を0としたとき，あなたに最も当てはまる数字1つを〇で囲んで下さい。

| 全くできなかった　◀　　どちらでもない　　▶　非常にできた |

1. ホームワークを適切に行った
   【 0 － 1 － 2 － 3 － 4 － 5 － 6 － 7 － 8 － 9 － 10 】

2. どうしてほしいの？　のコミュニケーションを実践した
   【 0 － 1 － 2 － 3 － 4 － 5 － 6 － 7 － 8 － 9 － 10 】

3. お子さんが乗り越えられる範囲で，先回りをできるだけやめるようにした
   【 0 － 1 － 2 － 3 － 4 － 5 － 6 － 7 － 8 － 9 － 10 】

4. お子さんの望ましくない行動についてお子さんと話し合った
   【 0 － 1 － 2 － 3 － 4 － 5 － 6 － 7 － 8 － 9 － 10 】

2. ホームワークの復習

第6回では,ホームワーク❻として望ましくない行動について話し合う練習をしました。実践して,気付いたことを以下に書き込んでみましょう。

_____

_____

_____

_____

今回は,家族自身の生活を豊かにする方法について学びます。お子さんとの関係を改善させるためには,家族自身が健康で落ち着いた状態でいることが重要です。第5回でも学びましたが,お子さんが動き出そうとするには,家族が楽しそうにしている姿を見せることがきっかけになることがあります。そのような楽しそうな明るい雰囲気を作るためにも,家族自身が豊かな生活をしていることが望まれます。

**家族自身の生活を豊かにすることで,
お子さんの問題に上手に対応できる。**

3. あなたの生活上の幸福感は？

　家族の生活上の幸福感を向上させるために，まず，現在の幸福感を知ることが重要です。ここでは，様々な生活領域の幸福感をみてみましょう。現在の家族の幸福感を知ることは以下のような2つの効果があります。

- お子さんとのかかわりだけでなく，様々な生活場面で，家族がどのように感じているかを把握することができます。
- 家族の幸福感を把握し，幸福感を向上させるための計画を立てるうえで必要な情報を得ることができます。

　家族の生活を豊かにするということは，お子さんから離れるように言っているのではありません。家族が，自身の生活をお子さんのことと同等の優先事項にすることを提案しているものです。また，家族の生活を豊かにする新たな取り組みが，お子さんとの関係を脅かす可能性があるのであれば，お子さんの状態が安定しているかを確認しながら，慎重に進めていく必要があります。

ワークシート⑪

以下の質問は，生活の10領域での現在の幸福感を検討することを意図しています。それぞれの領域を評価するときに，あなた自身に次のような質問をしてください。

この領域では，私の生活はどのくらい幸せだろうか？

それぞれの領域について，もっとも当てはまる数字（1－10）を○で囲んでください。あなたが今日どのように感じているかを正確に示してください。

注意 —— できるだけ**今日**のあなたの感情のみに集中してください。他の領域の影響を受けないようにしてください。なお，経験している／いないに関わらず今の状態の幸福感を回答してください。

	とても不幸せ									とても幸せ
例▷飲酒	1	2	3	4	⑤	6	7	8	9	10
ひきこもり	1	2	3	4	5	6	7	8	9	10
仕事／学校	1	2	3	4	5	6	7	8	9	10
家計	1	2	3	4	5	6	7	8	9	10
社会活動	1	2	3	4	5	6	7	8	9	10
趣味	1	2	3	4	5	6	7	8	9	10
家族関係	1	2	3	4	5	6	7	8	9	10
法律問題	1	2	3	4	5	6	7	8	9	10
感情面のサポート	1	2	3	4	5	6	7	8	9	10
コミュニケーション	1	2	3	4	5	6	7	8	9	10
全体的幸福感	1	2	3	4	5	6	7	8	9	10

（Smith & Meyers（2004）を一部改変して引用）

4. 目標を立てる

　ここでは，ワークシート❷を使って，それぞれの生活領域のなかで，幸福感が低い領域に注目し，「幸せでない」と感じる領域の幸福度を高める活動を増やすということをしてみましょう。ワークシート❶の10領域のなかから，取り組みたいものを選びましょう。まずは，「とても不幸せ（1, 2, 3）」に○をつけたものを選ぶの

ワークシート❷

取り組む領域

その領域が幸福でないと感じる理由

ではなく，幸福感の得点が「中程度（4, 5, 6, 7）」のものから選択しましょう。取り組む領域を決めたら，その領域がどうして幸福でないと感じるのかを明らかにしてみましょう。

以上のことができたら，ポイント❻「目標を立てるためのポイント」を参考に，目標を立てましょう。立てる目標は，シンプルなものにすることが重要です。たとえば，「家族とのコミュニケーションを増やす」や「趣味の時間を持つ」といったことがあります。ここで重要なのは，あなた自身が「ときめく」目標を立てることです。あなたの生活の中に「ときめき」を取り戻すことがあなたの生活を豊かにしてくれるのです。

ポイント❻　目標を立てるためのポイント

1. 簡潔で達成可能な目標にする
2. 自分でコントロールできる目標にする

目　標

5. 目標に向かった行動を増やす

　家族の生活を豊かにするための目標を達成するための行動を見つけていきましょう。ポイント❼「生活を豊かにする行動を選択するポイント」を参考にしてできるだけたくさんの行動をワークシート⓭に書き出してください。

　選択する行動は3つのポイントを満たしていることが望まれます。また，第5回に述べた短期的にも長期的にもメリットがある「楽しい行動」を選ぶと実践もしやすくなるでしょう。

ポイント❼　生活を豊かにする行動を選択するポイント

1. 楽しめる，または，達成感がある
2. 容易に増やすことができる
3. 他の人（主に知り合いなど）と関わるもの

---

6. 実行計画を立てる

　ワークシート⓭において，選択した行動の中で，実施の手順が複雑なものについては実行するための計画を考えましょう。ワークシート⓮を使って，「行動」「手順」「期限」を検討しましょう。

　今回学んだ内容を活用して，家族の生活を豊かにすることで，お子さんにゆとりを持って穏やかに接することが大切です。今回の内容だけではご自身の気持

ワークシート ⓭

- _____
- _____
- _____
- _____
- _____
- _____

- _____
- _____
- _____
- _____
- _____
- _____

第7回　家族自身の生活を豊かにする

のゆとりを取り戻すのには不十分であるという場合は，ご自身のことについて相談に乗ってもらう機会を作ることを検討されるとよいでしょう。

ワークシート ⑭

目標に向かった行動の実行計画

行　動	手　順	期限
例▷友人（太郎，花子）と火曜の午後に食事に行くこと	1. 今晩，太郎に電話をして，火曜に食事に行こうと誘う。 2. 明日，職場で花子に電話する。	2週間 8/10まで

振り返りシート ❼

> 以下の質問について，第7回で学んだポイントとして正しいものを（　）の中に記入するか，もしくは正しい選択肢を○で囲んでください。（回答は巻末（p.192）に記載されています）

1. 家族自身の生活を（　　　　　）ことで，お子さんの問題に上手に対応できる。

2. 家族自身の生活を豊かにするということは，お子さんから離れて放っておくということである。

            a. 正しい　　**b.** 間違い

3. 目標を立てるときは，達成可能かどうかはとりあえず気にせずに，最も達成したい大きな目標を立てると良い。

            a. 正しい　　**b.** 間違い

4. 目標を立てるときは，自分で（　　　　　）できる目標を選ぶと良い。

5. 目標に向かった行動を増やしていくとき，選ぶ行動は，家族が（　　　　　）or（　　　　　）行動で，（　　　　　）と関わりをもてるものが良い。

ホームワーク ❼ 目標に向かった行動の実践

ワークシート⓭で選択した行動を実践しましょう。できることから，継続的に行うことが大切です。

日 付	やったこと	充実度
例▷ 8/8 9:00	夫に，「おはよう」といつもより明るい表情で言った	80%

第8回

相談機関の利用を上手に勧める

1. はじめに

　第7回では，家族自身の生活を豊かにする方法を学びました。第7回で学んだことについて，実際にはどの程度実践できたのでしょうか。この点を知るために，以下の質問について0～10の間で，「非常にできた」場合を10,「どちらでもない」場合を5,「全くできなかった」場合を0としたとき，あなたに最も当てはまる数字1つを○で囲んで下さい。

| 全くできなかった　　　　　　どちらでもない　　　　　　非常にできた |

1. ホームワークを適切に行った

　【 0 － 1 － 2 － 3 － 4 － 5 － 6 － 7 － 8 － 9 － 10 】

2. 家族の生活を豊かにするための行動について考えた

　【 0 － 1 － 2 － 3 － 4 － 5 － 6 － 7 － 8 － 9 － 10 】

3. 家族の生活を豊かにするために選択した行動を実行した

　【 0 － 1 － 2 － 3 － 4 － 5 － 6 － 7 － 8 － 9 － 10 】

2. ホームワークの復習

　第7回のホームワーク❼として，家族の生活を豊かにする行動を実践しました。実践して，気付いたことを以下に書き込んでみましょう。

_____

_____

_____

_____

　このプログラムの最後として，お子さんに相談機関の利用を上手に勧める方法を学びます。お子さんに相談機関の利用を勧めるには，適切なタイミングで勧めることが重要です。したがって，適切なタイミングに，適切な方法で勧めるための準備をしておくことが大切です。

3. お子さんに相談機関の利用を勧めるために必要なこと

　相談機関の利用へのお子さんの動機づけを高めるには，お子さんが次の点について理解していることが重要となります（境ら，2009；川原・境，2009）。

①お子さんが,「相談することでメリットを得られるだろう」と期待すること。
②お子さんが,「相談したら,自分の弱さを理解してもらえるだろう」と期待すること。
③お子さんが,「どんな相談機関が利用できるのか」,「相談機関がどこにあるか」といった情報を知っていること。
④お子さんが,相談機関を利用するための金銭的コストをあまり心配しなくて良いこと。

以上の点を理解してもらう方法としては,以下のような声掛けが考えられるでしょう。

①について
相談したら
きっと良くなると
思うわ

③について
このあたりだと,
○○とか△△とか
□□なんかが
あるみたいよ

②について
あの先生なら,
きっと分かって
もらえると思うわ

④について
○○だったら,
あまりお金もかからない
みたいだよ

4. お子さんの動機づけが
　 高まっているときを選ぶ

　お子さんが相談機関の利用にまったく関心がないときに利用を勧めても，なかなかうまくいきません。利用を勧めるタイミングが大切です。利用を勧める良いタイミングの例には，以下の4つのパターンがあります。どの例でも，ポジティブなコミュニケーションを用いていることに注目してください。

①ひきこもりに関する重大な問題を起こして後悔しているとき（とくに家族との関係が何らかの理由で脅かされた場合）
　　例▷お子さんの乱暴，暴言，逮捕，違法行為，お子さんの責任による多大な出費

> **お子さん**◉あのさ，さっきのことだけど，あんなこと言うつもりじゃなかったんだ。ついカッとなって……。ときどき自分でも抑えられなくなっちゃうんだ。ほんとゴメンね。
> **家族**◉そうね。お母さんもあんな言い方されてとても辛かった（自分の感情の名前を明確にする）。あなたにとっては抵抗があるかもしれないけど（思いやりのある発言），私が受けているカウンセリングに一緒に行ってみない？ カウンセラーの先生に会えるし，カウンセリングで何をやっているのかも見れるわよ（相談することのメリットを伝える）。どうかな？

②ひきこもりについて，まったく予想していなかった意見を言われて，お子さんが動揺しているように見えるとき。

　　例▷近所の人や親戚に「今，何してるの？」と聞かれる，昔の友人から電話で「今，何の仕事してるの？」と聞かれる。

お子さん◉太郎（昔の友人）から久しぶりにメールがきたんだけどさ，太郎の友達がひきこもってて，ひきこもりってほっとくとずっと治らないって言ってた。おれもずっとこのままなのかな？
家族◉急にそんなメールが来て驚いたんだね（思いやりのある発言）。聞きたくないかもしれないけど（思いやりのある発言），あなたの力になりたいから，ちょっと聞いてくれる？　あなたがずっとこのままかどうかは分からないけど，試しに専門の人に話を聞きに行ってみない？

③家族が受けているプログラムについて，お子さんから尋ねられたとき。

　　例▷「そのプログラムに行って何になるの？」，「何で相談に行ってるの？」，「カウンセラーと何の話をしてるの？」，「家族教室では俺のことを話してるの？」，「それで，相談は役に立ってるの？」

> **お子さん**◉あのさ，お母さんカウンセリングで何の話してんの？ 俺のこと話してんの？
> **家族**◉お母さんが相談に行ってどんな話をしてるか気になるんだね（思いやりのある発言）。前もって言っておくべきだったんだけど（部分的に責任を受け入れる），お母さんだけじゃなくて，あなたにも一緒に行ってもらって，カウンセラーの先生と会ってもらいたいなって思ってるの。カウンセラーの先生から，お母さんがこれまでしてきたことを教えてもらえるよ（相談することのメリットを伝える）。もし一緒に行ってくれたら，お母さん，すごく嬉しい（自分の感情の名前を明確にする）。

④家族の行動が変化した理由を尋ねられたとき
　　例▷「何でそんな（変な／おかしな）ことしてるの？」，「何をしようとしてるの？」，「何で急にそんなことをするようになったの？」，「何で出掛けるの？」，「最近，本当に変わったね。どうしたの？」

> **お子さん**◉お母さん，最近変だよね。何か，良いことでもあったの？
> **家族**◉お母さんが最近変だなって思うんだね（思いやりのある発言）。カウンセリングに行き始めて，気持ちが落ち着いてきたのかな（相談することのメリットを伝える）。あなたとの関係をもっと良くしたくて，いろいろ考えながら試してるの。カウンセリングって結構役に立つわ（相談することのメリットを伝える）。もしあなたもカウンセリングに行ってくれたら，お母さんも嬉しいんだけどな（自分の感情の名前を明確にする）。どう？

これらのタイミングが来たら，お子さんと相談機関の利用についてしっかりと向き合って話し合うことが重要です。一度，タイミングを逃すと，次にいつタイミングが訪れるか分かりません。一回のタイミングを見逃さず，タイミングが訪れたら，しっかりと向き合って話し合う態勢を作りましょう。

5. 相談機関の利用への動機づけを高める工夫

　相談機関の利用について話し合うタイミングが訪れなくても，相談機関の利用への動機づけを高める工夫はできます。その工夫としては，以下のようなものがあります。

①お子さんが家族の支援者に会う機会を作る。
　　家族の支援者に会う機会を作ることで，お子さんの相談機関の利用への抵抗が減る可能性があります。お子さんが車の運転ができるのであれば，相談機関への送迎を頼んだ際に，支援者と会ってもらうなどの工夫も有効です。
②通常は，家族を担当している支援者以外がお子さんを担当することを伝える。
　　お子さんの中には，家族の支援者が自分を担当することに抵抗を感じる人もいます。その理由は，お子さんが支援者に話したことが，家族に伝わってしまうのではないかと心配になることなどがあります。また，家族とお子さんの両方を一人の支援者が担当すると，お子さんはその支援者を家族の差し金のように感じてしまうこともあります。ですので，お子

さんと家族の支援者は別にすることを伝えることが，お子さんの相談機関の利用を促すのに効果的なことがあります。

③カウンセリングを「試してみる」という誘い方をする。

　相談機関に誘う場合，試しに行ってみるという誘い方が有効です。相談機関の利用の敷居が低くなるような誘い方をすると，お子さんも気負わずに相談に行くことができます。

④お子さんが抱える問題を客観的に評価し，問題への気づきを促す。

　質問紙形式の心理検査をお子さんに記入してもらい，その結果についての支援者からのコメントを家族からお子さんに伝えることで，お子さんは自分のつらさを分かってもらえたという気持ちになることがあります。その結果として，お子さんの相談機関の利用への動機づけが高まることが期待されます。

⑤お子さん自身がうまくいかなかったと感じるタイミングを利用する。

　家族から見ると失敗しそうなことをお子さんがやりたいということがあります。その際には，まずはお子さんの意思を尊重して，やりたいことがやれるように支援すると同時に，「〇〇（本人がやりたいこと）がうまくいかなかったら，相談にいってみよう」と伝えておくと，失敗したときに相談に行こうという気持ちになる可能性が高まります。

⑥ひきこもりに期限を決める。

　「あと〇〇経って状況が変わらなかったら相談に行ってみよう」というように，ひきこもりに期限を決める方法もあります。ただし，ひきこもりの期限は，お子さんに決めてもらうことが重要です。お子

さんが決めた期間が過ぎるまでは待つことを伝え，期限が過ぎた時に，状況が好転していなければ，相談機関に行ってみようと伝えておくとよいでしょう。

家族が冷静に適切な対応をし，お子さんの問題への気づきを促し，相談機関の利用について話し合うタイミングに対応できる準備をすることが効果的です。

6. ポジティブなコミュニケーションスキルを用いる

ポジティブなコミュニケーションスキルの大切さは，相談機関の利用について話し合うときも例外ではありません。これまで，お子さんと相談機関の利用について話し合うとき，どういったコミュニケーションを用いてきたでしょうか？

よくあることですが，こういったお子さんへの頼みごとをするときに，下のように脅しや非難になってし

- 「もうダメ！ もう我慢できない。カウンセリングを受けるか，出て行くかしなさい！」
- 「あなたのせいで私がカウンセリングに行ってるのよ。あなたが行かないとどうしようもないじゃない！」
- 「働く努力をしなさいって何回言えば分かるの？ 私の言うことを無視して楽しいの!?」
- 「あなたのせいで頭がおかしくなりそうだわ！ 私は毎週カウンセリングに行ってるのよ！ あなたが治そうとしないと，どうしようもないじゃない！」
- 「おかげで，うちの家族は滅茶苦茶だわ。全部あなたのせいよ」

まったり，文句を言ったりあざ笑うような口調になってしまうことがあります。

このようなコミュニケーションでは，お子さんは守りに入ってしまい，効果的な話し合いはできません。ポジティブなコミュニケーションスキルを用いながら，しっかりと向き合って話し合いをしましょう。

7．実践練習

お子さんと相談機関の利用について話し合う練習をしましょう。この練習は，研修を受けた支援者と行うことが効果的ですが，ご自身でやられる場合は，失敗が許される相手と練習してみましょう。練習は，順番通りに進めましょう。

①相談機関の利用について話し合う状況を以下に書き込みましょう。

_____

_____

②相手の方にお子さん役になってもらって，相談機関の利用について話し合う練習をしましょう。今回学んだことを生かして1回やってみましょう。

③練習の感想を以下に書き込みましょう。

_____

_____

④相手をしてくれた方に，あなたがうまくできていたところを教えてもらい以下に書き込みましょう。

_____

_____

⑤こうするとよりよくなるという点を，相手をしてくれた方と一緒に考えて以下に書き込みましょう。

_____

_____

うまくできていたところ，こうするとよりよくなるところを考える際には，以下のポイントを参考にしてください。

- ポジティブなコミュニケーションの8つのポイント（短く，肯定的に，特定の行動に注意を向ける，自分の感情に名前をつける，部分的に責任を受け入れる，自省を促す，援助を申し出る）が実践できていたか。
- 姿勢，視線，表情，声の大きさ，話す早さ，声のトーン，伝わる雰囲気，印象に残った言葉，などで上手だったところはないか。

8. 相談機関の利用を勧めたときの
   お子さんの反応に対する準備

　お子さんが相談機関の利用を拒絶するとき，もしくは相談機関を利用してもいいと言ったときの準備をあらかじめしておくことが大切です。「鉄は熱いうちに打て」ということわざがあるように，お子さんが相談機関の利用の必要性を受け入れた場合は，素早く（48時間以内に）動くことが重要です。具体的には，面接の予約を取るなどが必要となります。

　また，お子さんが相談機関の利用を拒絶する可能性に対して，準備をしておくことが重要です。知っておくべきなのは，このプログラムで紹介した方法は，すべてのお子さんに対して，必ずしも一度で上手くいくとは限らないということです。上手くいかなかった場合のために，相談機関の利用を勧める他の方法を考えておくと役に立ちます。

9. 早期の中断に備える

　お子さんが相談機関を利用することに同意すると，家族はとても安心してしまいます。そのため，すぐにお子さんが行かなくなってしまう場合があるという現実を見失ってしまいがちです。相談機関を利用し始めた初期では，行ったり行くのをやめたりすることが何度もあります。

　お子さんが相談に行かなくなったときに，その理由を検討することも重要です。もし，実際的な問題（例えば，時間の都合が合わない）が大きな原因となって

いるなら，多くが実際的な解決で済みます。しかし多くの場合は，より複雑であり，これまでの生活が変わることへの心配，お子さんにそれまで潜んでいた抑うつ症状の表面化などの問題が存在することがあります。

　こういった場合も家族は何もできないわけではありません。相談機関に繋げられたときのように，このプログラムで学んだことを同じように用いることができます。ポジティブなコミュニケーションスキルを用いて，相談機関に行かなくなった理由をお子さんにたずねる方法もあります。

第8回　相談機関の利用を上手に勧める

振り返りシート ❽

以下の質問について，第8回で学んだポイントとして正しいものを（　　）の中に記入するか，もしくは正しい選択肢を○で囲んでください。（回答は巻末（p.194）に記載されています）

1. お子さんに相談機関の利用を勧めるには，（　　　　　　）が重要である。

2. お子さんに相談機関の利用を勧めるためには，相談機関を利用したときに「良くなるだろう」とお子さんが期待することが重要である。

   a. 正しい　　**b.** 間違い

3. お子さんからこのプログラムについて聞かれたときは，相談機関の利用を勧める絶好のチャンスである。

   a. 正しい　　**b.** 間違い

4. 相談機関を利用するときは，あらゆる準備をしてから気合を入れて行くのが良い。

   a. 正しい　　**b.** 間違い

5. ポジティブなコミュニケーションスキルは，お子さんに相談機関の利用を勧めるときにも必要である。

          a. 正しい **b.** 間違い

6. お子さんに相談機関の利用を勧める際は，同意するまで問いつめるのが効果的である。

          a. 正しい **b.** 間違い

7. お子さんが相談機関の利用に関心を示したら，じっくり考えてから相談機関の利用につなげることが大切だ。

          a. 正しい **b.** 間違い

ホームワーク❽　これまで学んだことの実践

第8回のホームワークとして，これまで学んだことを実践してみましょう。必ずしも，例にあるようにお子さんと相談機関の利用について話し合う必要はありません。できることから，継続的に行うことが大切です。

日 付	やったこと	結 果
例▷ 8/21	子どもと相談機関の利用について話し合った	就労支援なら受けてもいいと思っていることが分かった

第9回

プログラムを終えてからの支援

1．はじめに

　第8回では，相談機関の利用についてお子さんと話し合う方法について学びました。第8回で学んだことについて，実際にはどの程度実践できたのでしょうか。この点を知るために，以下の質問について0～10の間で，「非常にできた」場合を10,「どちらでもない」場合を5,「全くできなかった」場合を0としたとき，あなたに最も当てはまる数字1つを○で囲んで下さい。

全くできなかった　　←　　どちらでもない　　→　　非常にできた

1. ホームワークを適切に行った

　【 0 － 1 － 2 － 3 － 4 － 5 － 6 － 7 － 8 － 9 － 10 】

2. 相談機関の利用を勧めるタイミングについて考えた

　【 0 － 1 － 2 － 3 － 4 － 5 － 6 － 7 － 8 － 9 － 10 】

3. お子さんにとってメリットのある相談機関について考えた

　【 0 － 1 － 2 － 3 － 4 － 5 － 6 － 7 － 8 － 9 － 10 】

4. お子さんと相談機関の利用について話し合った

　【 0 － 1 － 2 － 3 － 4 － 5 － 6 － 7 － 8 － 9 － 10 】

2. ホームワークの復習

第8回のホームワーク❽は，これまで学んだことを実践することでした。実践して，気付いたことを以下に書き込んでみましょう。

_____

_____

_____

_____

3. お子さんや家族が利用可能な支援

今後の支援においては，お子さんの多様なニーズに応え，できることを提供していくための支援が必要となります。こうした支援には様々なものがありますが，ひきこもりを主な対象としている公的な支援として，ひきこもり地域支援センター，地域若者サポートステーション，子ども・若者支援地域協議会があります。以下に，これらの支援の概要を示します。

①ひきこもり地域支援センター

厚生労働省では，平成21年度から，ひきこもりに特化した第一次相談窓口としての機能を有する「ひきこもり地域支援センター」を全国の都道府県・

指定都市に整備を進めています。このセンターは、お子さんや家族が、地域の中で最初にどこに相談したらよいかを明確にすることで、より支援に結びつきやすくすることを目的にしたものです。公表されている資料によると2013（平成25）年4月現在、全国39の自治体に設置されています（厚生労働省, 2013a）。

　ひきこもり地域支援センターでは、社会福祉士、精神保健福祉士等のひきこもり支援コーディネーターによって次の事業が行われています。

1）第一相談窓口
　　ひきこもり本人、家族等から電話・来所・訪問等による相談に応じるとともに、対象者の状態に応じて、医療・教育・労働・福祉などの適切な関係機関へつなげる。
2）他の関係機関との連携
　　対象者の状態に応じた適切な支援を行うため、関係機関からなる連絡協議会を設置し、情報交換等各機関間で恒常的な連携を図る。
3）情報発信
　　リーフレットの作成等により、ひきこもり問題に対する普及啓発を図るとともに、地域におけるひきこもりに係る関係機関・事業紹介などの発信を行う。

　ひきこもり地域支援センターは、ひきこもり状態への支援に特化した機関であり、地域援助の中核を担う機関になるものと考えられます。

②地域若者サポートステーション
　地域若者サポートステーションは，厚生労働省の委託事業として行われているもので，ニート等の若者の自立を支援するため，地方自治体，民間団体との協働により，若者自立支援ネットワークを構築し，その拠点として若者やその保護者等に対して個別・継続的な相談，各種セミナー，職業体験など，総合的な支援を行っています。

　地域若者サポートステーションは，ひきこもり地域支援センターと異なり，ニート等の若者を対象としています。そのため，キャリア・コンサルタント等による支援，協力事業所等における就業体験といった就労に向けた支援を受けられるのが特徴となっています。

　地域若者サポートステーションは一定の成果を上げている機関のひとつです。設置箇所は2006年度に25カ所，2007年度に50カ所，2008年度に77カ所と急増し，2013年4月現在では149カ所となっています（厚生労働省，2013b）。2007年度では延べ来所者数は約14万5千人，2006年度の4倍，1カ所当たりでも2倍に増加しており，利用開始後6カ月時点の進路（就職，進学など）決定率は約25％と，登録者の4人に1人が比較的短期間で具体的成果を上げているとされています（厚生労働省，2008）。

③子ども・若者支援地域協議会
　子ども・若者支援地域協議会は，2010年に施行された子ども・若者育成支援推進法に基づき内閣府が設置を進めている機関です。子ども・若者育成支援推進法は，①有害情報の氾濫等，子ども・若者をめぐる環境の悪化，②ニート，ひきこもり，不登

校，発達障害等の精神疾患など子ども・若者の抱える問題の深刻化，③従来の個別分野における縦割り的な対応の限界，といった背景を踏まえて制定された法律です。子ども・若者育成支援推進法は，①子ども・若者育成支援施策の総合的推進のための枠組み整備，②社会生活を円滑に営む上での困難を有する子ども・若者を支援するためのネットワーク整備を目的としています。

子ども・若者育成支援推進法に基づく子ども・若者支援地域協議会は，「修学及び就業のいずれもしていない子ども・若者」であるひきこもりや若年無業者だけではなく，「その他の子ども・若者であって，社会生活を円滑に営む上での困難を有するもの」である不登校など様々な困難を有する子ども・若者を含んでおり，対象がひきこもり地域支援センターや地域若者サポートステーションよりも広い所に特徴があります。

子ども・若者支援地域協議会は2012年4月現在，36カ所に設置されています（内閣府，2012）。

お子さんや家族が受けられる支援としては，これら3つだけではなく，医療機関，教育機関，NPO法人をはじめとした民間機関において様々な支援が展開されています。こうした地域に根ざした多様な支援を利用していくことがお子さんの多様なニーズに応じる上で重要になると考えられます。

ひきこもり地域支援センター，地域若者サポートステーションの2013年7月の時点での一覧を巻末付録に掲載していますので，参照してください。

```
STEP1  深刻な家庭内暴力はないか？  ──いいえ→  ③暴力的行動の予防
         │はい
STEP2  家族が気持ちにゆとりを      ──いいえ→  ⑦家族自身の生活を豊かにするもしくは,
       もてているか？                         家族自身のための支援を受ける
         │はい
STEP3  お子さんとの関係は良好か？  ──いいえ→  ②問題行動の理解
                                             ④ポジティブなコミュニケーションの獲得
         │はい
STEP4  お子さんは元気を回復しているか？──いいえ→ ⑤上手にほめて望ましい行動を増やす
                                             ⑥先回りをやめ,しっかりと向き合って
                                              望ましくない行動を減らす
         │はい
STEP5  お子さんと今後の取り組みについて──いいえ→ ⑧相談機関の利用を上手に勧める
       話し合っているか？
         │はい
STEP6  ポジティブなコミュニケーションを用いて話し合いを続ける
```

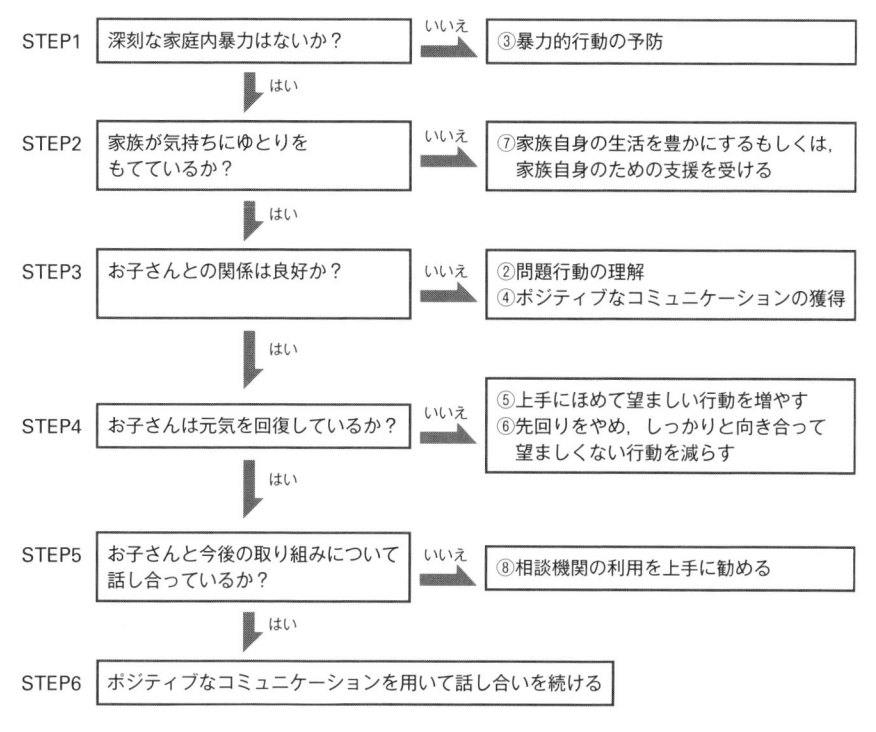

図7　今後の取り組みについて話し合えるまでの過程

4．今後の取り組みについて

　図7に今後の取り組みについてお子さんと話し合えるようになるまでの過程を6つのステップにまとめました。

　STEP1は，深刻な家庭内暴力がないかです。もし，深刻な家庭内暴力がある場合は，③暴力的行動の予防を参考に，まずは家族の安全を最優先にした対応を取りましょう。

　STEP2は，家族が気持ちにゆとりを持てているかと

いう点です。お子さんに穏やかに接するには、家族に気持ちのゆとりがなくてはいけないことは既に述べました。家族の気持ちにゆとりがない場合は、⑦家族自身の生活を豊かにする、もしくは家族自身のための支援を受けることを優先しましょう。

　STEP3は、お子さんとの関係が良好かという点です。今後の取り組みについて話す上では、お子さんとの良好な関係が必須であることは既に述べたとおりです。お子さんとの良好な関係が築けていない場合、②問題行動の理解、④ポジティブなコミュニケーションの獲得を再度実践しましょう。

　STEP4は、お子さんが元気を回復しているかという点です。お子さんに元気がなければ、今後のことについて話し合う意欲もわいてきません。お子さんが元気になるような接し方として、⑤上手にほめて望ましい行動を増やす、⑥先回りをやめ、しっかりと向き合って望ましくない行動を減らすといった回で学んだことを実践しましょう。

　STEP5は、お子さんと今後の話し合いをしているかという点です。これまでのプログラムで学んだことを活用できていれば、お子さんと今後の取り組みについて話し合うことができるようになると考えられます。その上で今後の取り組みについて話し合えていない場合、⑧相談機関の利用を上手に勧めるといった回で学んだことを実践してみましょう。

　STEP6は、ポジティブなコミュニケーションスキルを用いて話し合いを続ける段階です。お子さんがすぐには動きださなくても、ポジティブなコミュニケーションスキルを用いて話し合いを続けていきましょう。STEP6の段階が維持できれば、お子さんや家族の生活は「価値ある生活」であり続けるでしょう。

振り返りシート
回答

振り返りシート ❶

以下の質問について，第1回で学んだポイントとして正しいものを（　　）の中に記入するか，もしくは正しい選択肢を○で囲んでください。（回答は巻末 (p.184) に記載されています）

1. ひきこもり問題の解決には，家族の役割はほとんどない。

   a. 正しい　　(b.) 間違い

2. お子さんにうまく対応するには，家族がうまく対応できるという，
   （　**自信**　）をもつことが大切である。

3. お子さんを受療につなげるためには（　**タイミング**　）が大切だ。

4. このプログラムの3つの目的は，①（　**家族自身**　）の負担の軽減，②（　**家族関係**　）の改善，③お子さんの（**相談機関の利用**）の促進である。

5. お子さんが相談機関の利用に関心を示したら，じっくり考えてから受療につなげることが大切だ。

   a. 正しい　　(b.) 間違い

振り返りシート ❷

以下の質問について，第2回で学んだポイントとして正しいものを（　）の中に記入するか，もしくは正しい選択肢を○で囲んでください。（回答は巻末（p.185）に記載されています）

1. コミュニケーションの悪循環が起こる過程は，（　**きっかけ**　），（　**反応**　），（　**結果**　）という3つの部分からなる。

2. 機能分析は，（　**外的きっかけ**　），（　**内的きっかけ**　），問題行動，（　**短期的結果**　），（　**長期的結果**　）の5つの要素からできている。

3. 機能分析において，お子さんが問題行動をすることで生じるデメリットを見つけるとき，お子さんが実際にデメリットだと思っているかどうかはあまり重要ではない。

　　　　　　　　　　　　　　　　　　a. 正しい　　(b.) 間違い

振り返りシート ❸

以下の質問について，第3回で学んだポイントとして正しいものを（　　）の中に記入するか，もしくは正しい選択肢を○で囲んでください。（回答は巻末（p.186）に記載されています）

1. 行動することで何か（　**良い**　）ことが起こったり，（　**嫌な**　）ことがなくなるとその行動は繰り返される。

2. 暴力的行動の機能分析の目的は，機能分析で得られた情報を生かして，今後起こりうる暴力的行動を防ぐ方法を見出すことである。

   　　　　　　　　　　　　　　　　　（**a.**）正しい　　b. 間違い

3. タイムアウトとは，不適切な行動を取った直後に，お子さんの強化子を（　**取り除く**　）というテクニックである。

4. タイムアウトが終わった後に説教をするとよい。

   　　　　　　　　　　　　　　　　　a. 正しい　　（**b.**）間違い

5. タイムアウトの後に，お子さんが望ましい行動をしたら，それを認めてあげることが大切だ。

   　　　　　　　　　　　　　　　　　（**a.**）正しい　　b. 間違い

6. 取り除く強化子は，家族が容易に，かつ安全に取り除けるものがよい。

　　　　　　　　　　　　　　　　　（a.）正しい　　b. 間違い

7. 暴力的行動を回避するためには，家族が赤信号に気付いて，（ **安全なところ** ）に行くか，暴力的行動を引き起こす（　**きっかけ**　）を最小限に抑えることが重要である。

8. 現在かなり危険な状況にあると考えられる場合は，家族の安全を守ることを最優先にすべきである。

　　　　　　　　　　　　　　　　　（a.）正しい　　b. 間違い

振り返りシート ❹

以下の質問について，第4回で学んだポイントとして正しいものを（　）の中に記入するか，もしくは正しい選択肢を○で囲んでください。（回答は巻末 (p.188) に記載されています）

1. （　ポジティブ　）なコミュニケーションは，良好な関係を築くための土台となる。

2. コミュニケーションスキルは，お子さんに受療を勧めるときにも必要である。

   a. 正しい　　**b.** 間違い

3. コミュニケーションは（　実践　）をしないと身に付かない。

4. ポジティブなコミュニケーションスキルの8つのポイントは，（短く），肯定的に，（特定の行動に注意を向ける），（自分の感情を明確にする），部分的に責任を受け入れる，（思いやりのある発言をする），（自省を促す），（援助を申し出る）である。

5. ポジティブなコミュニケーションでは，時間をかけて長く詳しく話すことが効果的である。

   a. 正しい　　**b.** 間違い

6. 「部分的に責任を受け入れる」ことで，あなたが単に（　　非難　　）したいのではないというメッセージをお子さんに伝えることができ，お子さんが（　守りの姿勢　）に入りにくくなる。

振り返りシート ❺

以下の質問について，第5回で学んだポイントとして正しいものを（　）の中に記入するか，もしくは正しい選択肢を○で囲んでください。（回答は巻末（p.190）に記載されています）

1. 強化子とは，その人が「楽しい（快い）」と感じるものである。

    ⓐ. 正しい　　b. 間違い

2. 適切な強化子のポイントには，（　**お子さんが喜ぶ**　），（　**お金をかけるとしても高価ではない**　），（　**すぐに与えられる**　），（　**家族が安心して与えられる**　）の4つがある。

3. 望ましい行動のうち，増やしたいものを選ぶ基準は，（　**お子さんが喜ぶ**　），時間や機能が望ましくない行動と重なっている，（　**現在かなり頻繁に起きているか，今後頻繁に起こりうる**　），（　**できれば家族も喜べる**　）である。

4. 望ましい行動を引き出すには，叱咤激励が有効である。

    a. 正しい　　**ⓑ. 間違い**

5. 望ましい行動を一緒にやるように誘う時は，絶対に断られないように強い意志で誘わなければならない。

    a. 正しい　　**ⓑ. 間違い**

振り返りシート ❻

以下の質問について，第6回で学んだポイントとして正しいものを（　）の中に記入するか，もしくは正しい選択肢を○で囲んでください。（回答は巻末（p.191）に記載されています）

1. 望ましくない行動を減らすのにポジティブなコミュニケーションは役に立たない。

    a. 正しい　　(b.) 間違い

2. 望ましくない行動を減らすには，まず最初にどうしてほしいのかを尋ねることが効果的である。

    a. 正しい　　(b.) 間違い

3. 先回りをやめることは，お子さんが（　**成長**　）したり，（　**支援を求める**　）きっかけになる。

4. デメリットに直面化させるときに大切なことは，（　**安全**　）が保証され，お子さんにとって（　**プラス**　）になる見込みがある場合，家族の先回りを（　**減らせるところ**　）まで減らしてみるということである。

振り返りシート ❼

以下の質問について，第7回で学んだポイントとして正しいものを（　　）の中に記入するか，もしくは正しい選択肢を〇で囲んでください。（回答は巻末（p.192）に記載されています）

1. 家族自身の生活を（　**豊かにする**　）ことで，お子さんの問題に上手に対応できる。

2. 家族自身の生活を豊かにするということは，お子さんから離れて放っておくということである。

   a. 正しい　　**b. 間違い**

3. 目標を立てるときは，達成可能かどうかはとりあえず気にせずに，最も達成したい大きな目標を立てると良い。

   a. 正しい　　**b. 間違い**

4. 目標を立てるときは，自分で（　**コントロール**　）できる目標を選ぶと良い。

5. 目標に向かった行動を増やしていくとき，選ぶ行動は，家族が（　**楽しめる**　）or（　**達成感がある**　）行動で，（　**他の人**　）と関わりをもてるものが良い。

振り返りシート 回答

振り返りシート ❽

以下の質問について，第8回で学んだポイントとして正しいものを（　　）の中に記入するか，もしくは正しい選択肢を○で囲んでください。（回答は巻末（p.194）に記載されています）

1. お子さんに相談機関の利用を勧めるには，（　**タイミング**　）が重要である。

2. お子さんに相談機関の利用を勧めるためには，相談機関を利用したときに「良くなるだろう」とお子さんが期待することが重要である。

　　　　　　　　　　　　　　　　　　ⓐ. 正しい　　b. 間違い

3. お子さんからこのプログラムについて聞かれたときは，相談機関の利用を勧める絶好のチャンスである。

　　　　　　　　　　　　　　　　　　ⓐ. 正しい　　b. 間違い

4. 相談機関を利用するときは，あらゆる準備をしてから気合を入れて行くのが良い。

　　　　　　　　　　　　　　　　　　a. 正しい　　**ⓑ. 間違い**

5. ポジティブなコミュニケーションスキルは，お子さんに相談機関の利用を勧めるときにも必要である。

　　　　　　　　　　　　　　　　(a.) 正しい　　b. 間違い

6. お子さんに相談機関の利用を勧める際は，同意するまで問いつめるのが効果的である。

　　　　　　　　　　　　　　　　a. 正しい　　(b.) 間違い

7. お子さんが相談機関の利用に関心を示したら，じっくり考えてから相談機関の利用につなげることが大切だ。

　　　　　　　　　　　　　　　　a. 正しい　　(b.) 間違い

文 献

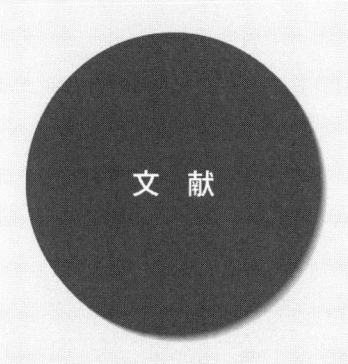

文献

春木 豊(訳)(2007)マインドフルネスストレス低減法.北大路書房.
川原一紗・境 泉洋(2009)来談に対する利益・コスト認知が来談行動に与える影響：ひきこもり状態にある人を対象とした質問紙調査による検討.日本認知療法学会・日本行動療法学会プログラム&抄録・発表論文集,234-235.
近藤直司・境 泉洋・石川信一・新村順子・田上美千佳(2008)地域精神保健・児童福祉領域におけるひきこもりケースへの訪問支援 精神神經學雜誌, 110(7), 536-545.
Kondo, N., Sakai, M., Kuroda, Y., Kiyota, Y., Kitabata, Y. & Kurosawa, M.(2013) Gen-eral condition of hikikomori (prolonged social withdrawal) in Japan: Psychiatric diagnosis and outcome in the mental health welfare center. The International Journal of Social Psychiatry, 59(1), 79-86.
厚生労働省(2008)地域若者サポートステーション事業について：働くことに悩む若者の自立をサポートします！
http://www.mhlw.go.jp/seisaku/2009/01/03.html.
厚生労働省(2013a)「ひきこもり地域支援センター」の設置状況リスト http://www.mhlw.go.jp/bunya/seikatsuhogo/dl/hikikomori05.pdf
厚生労働省(2013b)地域若者サポートステーションって何？
http://www.mhlw.go.jp/bunya/nouryoku/ys-station/
内閣府(2012)子ども・若者育成支援施策の実施状況について. http://www8.cao.go.jp/youth/suisin/hyouka/part1/k_5/pdf/s2.pdf
野中俊介(2011)ひきこもり状態にある人の家族機能および家族介入プログラムの効果.徳島大学大学院総合科学教育臨床心理学専攻修士論文.
野中俊介・境 泉洋・大野あき子(2013)ひきこもり状態にある人の親に対する集団認知行動療法の効果——Community Reinforcement and Family Training を応用した試行的介入.精神医学, 55(3), 283-292.
齊藤万比古(2010)ひきこもりの評価・支援に関するガイドライン.厚生労働科学研究費補助金(こころの健康科学研究事業)「思春期のひきこもりをもたらす精神科疾患の実態把握と精神医学的治療・援助システムの構築に関する研究」
境 泉洋(2013)徳島県受託事業平成24年度ひきこもり支援対策調査研究事業報告書.徳島大学総合科学部境研究室.
境 泉洋・平川沙織・原田素美礼・NPO法人全国引きこもりKHJ親の会(2012)「引きこもり」の実態に関する調査報告書⑨：NPO法人全国ひきこもりKHJ親の会における実態.徳島大学総合科学部境研究室.
境 泉洋・堀川 寛・野中俊介・松本美菜子・平川沙織・NPO法人全国引きこもりKHJ親の会(2011)「引きこもり」の実態に関する調査報告書⑧：NPO法人全国ひきこもりKHJ親の会における実態.徳島大学総合科学部境研究室.
境 泉洋・石川信一・佐藤 寛・坂野雄二(2004)ひきこもり行動チェックリスト(HBCL)の開発および信頼性と妥当性の検討.カウンセリング研究, 37(3), 210-220.
境 泉洋・川原一紗・木下龍三・久保祥子・若松清江・NPO法人全国引きこもりKHJ親の会(2009)「引きこもり」の実態に関する調査報告書⑥：NPO法人全国引きこもりKHJ親の会における実態.徳島大学総合科学部境研究室.
境 泉洋・川原一紗・NPO法人全国引きこもりKHJ親の会(2008)「引きこもり」の実態に

関する調査報告書⑤：NPO法人全国引きこもりKHJ親の会における実態．徳島大学総合科学部境研究室．

境　泉洋・中垣内正和・NPO法人全国引きこもりKHJ親の会（2007）「引きこもり」の実態に関する調査報告書④：NPO法人全国引きこもりKHJ親の会における実態．志學館大学人間関係学部境研究室．

境　泉洋・中村　光（2006）引きこもり家族実態アンケート調査・調査結果データ分析とまとめ．引きこもり家族調査委員会，引きこもり家族の実態に関する調査報告書，7-45．

境　泉洋・野中俊介・大野あき子・NPO法人全国引きこもりKHJ親の会（2010）「引きこもり」の実態に関する調査報告書⑦：NPO法人全国引きこもりKHJ親の会における実態．徳島大学総合科学部境研究室．

境　泉洋・斎藤まさ子・本間恵美子・真壁あさみ・内藤　守・小西完爾・NPO法人全国引きこもりKHJ親の会（2013）「引きこもり」の実態に関する調査報告書⑩：NPO法人全国ひきこもりKHJ親の会における実態．徳島大学総合科学部境研究室．

境　泉洋・坂野雄二（2009）ひきこもり状態にある人の親のストレス反応に影響を与える認知的要因．行動療法研究，35（2），133-143．

境　泉洋・坂野雄二（2010）ひきこもり状態にある人の親に対する行動論的集団心理教育の効果．行動療法研究，36（3），223-232．

島井哲志（編）（2006）ポジティブ心理学：21世紀の心理学の可能性．ナカニシヤ出版．

Smith, J.E. & Meyers, R.J. (2004) Motivating substance abuse to enter treatment. New York: The Guilford press.（境　泉洋・原井宏明・杉山雅彦（監訳）（2012）CRAFT 依存症患者への治療動機づけ ── 家族と治療者のためのプログラムとマニュアル．金剛出版）

地域精神保健活動における介入のあり方に関する研究班（2003）10代・20代を中心とした「ひきこもり」をめぐる地域保健活動のガイドライン：精神保健福祉センター・保健所・市町村でどのように対応するか・援助するか．こころの健康科学研究事業．

植田健太・境　泉洋・佐藤　寛・石川信一・中村　光・山崎久美子・嶋田洋徳・坂野雄二（2004）ひきこもり状態にある人を持つ親のストレス反応．早稲田大学臨床心理学研究，3（1），93-100．

付　録

ひきこもり地域支援センター

(2013年7月現在)

No.	名称	郵便	住所
1	北海道ひきこもり成年相談センター	003-0029	北海道札幌市白石区平和通17丁目北1-13
2	岩手県ひきこもり支援センター	020-0015	岩手県盛岡市本町通3-19-1
3	ひきこもり相談支援窓口「自立支援センター巣立ち」	990-0021	山形県山形市小白川町2-3-30 山形県精神保健福祉センター内
4	千葉県ひきこもり地域支援センター	260-0801	千葉県千葉市中央区仁戸名町666-2 精神保健福祉センター
5	青少年サポートプラザ（ひきこもり地域支援センター）	222-0044	神奈川県横浜市西区紅葉ヶ丘9-1 神奈川県立青少年センター内
6	富山県ひきこもり地域支援センター	939-8222	富山県富山市蜷川459-1 富山県心の健康センター内
7	長野県ひきこもり支援センター	380-0928	長野県長野市若里7-1-7 長野県精神保健福祉センター内
8	静岡県ひきこもり支援センター	422-8031	静岡県静岡市駿河区有明町2-20 静岡県精神保健福祉センター内
9	あいちひきこもり地域支援センター	460-0001	愛知県名古屋市中区三の丸3-2-1 東大手庁舎
10	ひきこもり支援センター	525-0072	滋賀県草津市笠山8-4-25 滋賀県立精神保健福祉センター内
11	初期型ひきこもり訪問応援「チーム絆」	605-0862	京都府京都市東山区清水4-185-1 京都府家庭支援総合センター内
12	大阪府ひきこもり地域支援センター	558-0056	大阪府大阪市住吉区万代東3-1-46 大阪府こころの健康総合センター内
13	和歌山県ひきこもり地域支援センター	640-8319	和歌山県和歌山市手平2-1-2 県民交流プラザ和歌山ビッグ愛2階
14	とっとりひきこもり生活支援センター	680-0811	鳥取県鳥取市西品治863-1
15	広島ひきこもり相談支援センター	739-0323	広島県広島市安芸区中野東4-2-25-2階
16	ひきこもり地域支援センター	747-0801	山口県防府市駅南町13-40 防府総合庁舎2階
17	ひきこもり地域支援センター「きのぼり」	770-0855	徳島県徳島市新蔵町3-80 徳島県精神保健福祉センター内
18	香川県ひきこもり地域支援センター「アンダンテ」	760-0068	香川県高松市松島町1-17-28 香川県高松合同庁舎内
19	愛媛県心と体の健康センター「ひきこもり相談室」	790-0811	愛媛県松山市本町7-2 総合保健福祉センター内
20	高知県ひきこもり地域支援センター	780-0850	高知県高知市丸ノ内2-4-1 保健衛生総合庁舎2階 高知県精神保健福祉センター内
21	福岡県ひきこもり地域支援センター	816-0804	福岡県春日市原町3-1-7 南側2階 福岡県精神保健福祉センター内
22	青少年自立支援センター（おおいたひきこもり地域支援センター）	870-0037	大分県大分市東春日町1-1 NS大分ビル2階
23	ひきこもり地域支援センター	890-0064	鹿児島市鴨池新町1番8号 鹿児島県青少年会館2階
24	さいたま市ひきこもり相談センター	338-0003	埼玉県さいたま市中央区本町東4-4-3 さいたま市こころの健康センター内

No.	名称	郵便	住所
25	仙台市ひきこもり地域支援センター ほわっと・わたげ	984-0823	宮城県仙台市若林区遠見塚1-18-48
26	青少年相談センター（ひきこもり地域支援センター）	232-0024	神奈川県横浜市南区浦舟町3-44-2
27	川崎市精神保健福祉センター（ひきこもり相談）	210-0004	神奈川県川崎市川崎区宮本町2-32 JAセレサみなみビル4階
28	新潟市ひきこもり相談支援センター	950-0082	新潟県新潟市中央区東万代町9-1 万代市民会館5階
29	浜松市ひきこもり地域支援センター	430-0929	静岡県浜松市中区中央1-12-1 県浜松総合庁舎4階
30	名古屋市ひきこもり地域支援センター	453-0024	愛知県名古屋市中村区名楽町4-7-18
31	大阪市こころの健康センター（ひきこもり地域支援センター）	534-0027	大阪府大阪市都島区中野町5-15-21 都島センタービル3階
32	堺市ユースサポートセンター（ひきこもり地域支援センター）	590-0946	大阪府堺市堺区熊野町東4-4-19 平成ビル601号室
33	堺市ひきこもり地域支援センター	591-8021	大阪府堺市北区新金岡5-1-4 北区役所5階 こころの健康センター内
34	神戸市ひきこもり地域支援センター ～ラポール～	652-0805	兵庫県神戸市兵庫区羽坂通4-2-22
35	岡山市ひきこもり地域支援センター	700-0914	岡山県岡山市北区鹿田町1-1-1
36	広島市ひきこもり相談支援センター	733-0002	広島県広島市西区楠木町1-8-11
37	北九州ひきこもり地域支援センター すてっぷ	804-0067	福岡県北九州市戸畑区汐井町1-6 ウェルとばた2階
38	福岡市ひきこもり支援センター「わんど」	813-0004	福岡県福岡市東区松香台2-3-1 九州産業大学大学院付属 臨床心理センター
39	福岡市ひきこもり成年地域支援センター「よかよかルーム」	810-0073	福岡県福岡市中央区舞鶴2-5-1 あいれふ3階

地域若者サポートステーション

（2013年7月現在）

No.	名称	郵便	住所
1	さっぽろ若者サポートステーション	060-0054	北海道札幌市中央区北8条西24 札幌市若者支援総合センター内
2	あさひかわ若者サポートステーション	070-0034	北海道旭川市四条通7-右10 中川ビル4階
3	くしろ若者サポートステーション	085-0015	北海道釧路市北大通12-1-14 ビケンワークビル3階
4	はこだて若者サポートステーション	040-0054	北海道函館市元町14-1
5	とまこまい若者サポートステーション	053-0025	北海道苫小牧市本町1-1-4 コーポハマナス1階
6	おびひろ地域若者サポートステーション	080-0012	北海道帯広市西2条南7-1 帯広信用金庫第3ビル1階
7	オホーツク若者サポートステーション	090-0064	北海道北見市美芳町5-2-13 ライズビル1階
8	ひろさき若者サポートステーション	036-8002	青森県弘前市駅前3-3-12 藤田ビル1階
9	あおもり若者サポートステーション	030-0803	青森県青森市安方1-1-40 青森県観光物産館アスパム3階（ジョブカフェあおもり内）
10	はちのへ若者サポートステーション	031-0042	青森県八戸市十三日町4-1-1階
11	みやこ若者サポートステーション	027-0031	岩手県宮古市八木沢4-1-25 ポランの子供園内
12	もりおか若者サポートステーション	020-0034	岩手県盛岡市盛岡駅前通16-15 保科済生堂ビル4階
13	せんだい若者サポートステーション	982-0001	宮城県仙台市太白区八本松1-12-12
14	みやぎ北若者サポートステーション	989-6162	宮城県大崎市古川駅前大通1-5-18 ふるさとプラザ1階
15	石巻地域若者サポートステーション	986-0876	宮城県石巻市西山町6-39 カムロ第2ビル2号室
16	サポートステーションあきた	010-1413	秋田県秋田市御所野地蔵3-1-1 秋田テルサ3階 フレッシュワークAKITA内
17	庄内地域若者サポートステーション	998-0044	山形県酒田市中町2-5-10 酒田産業会館1階 山形県若者就職支援センター庄内プラザ内
18	置賜若者サポートステーション	992-0075	山形県米沢市赤芝町字川添1884番地
19	やまがた若者サポートステーション	990-0035	山形県山形市小荷駄丁2-7 SUNまち内
20	ふくしま若者サポートステーション	960-8066	福島県福島市矢剣町22-5 2階
21	こおりやま若者サポートステーション	963-8025	福島県郡山市桑野1-4-7 第2光コーポ1階
22	いわき若者サポートステーション	970-8026	福島県いわき市平字南町34番地3
23	会津地域若者サポートステーション	965-0000	福島県会津若松市一箕町大字亀賀字藤原52
24	いばらき若者サポートステーション	319-0323	茨城県水戸市鯉淵町2125-1
25	とちぎ若者サポートステーション	320-8501	栃木県宇都宮市塙田1-1-20 県庁南庁舎2号館1階 ジョブカフェとちぎ内
26	とちぎ県南若者サポートステーション	323-0025	栃木県小山市城山町3-3-22 JR小山駅西口構内1階
27	とちぎ県北若者サポートステーション	329-2732	栃木県那須塩原市一区町105-89
28	ぐんま若者サポートステーション	371-0022	群馬県前橋市千代田町2-5-1 前橋テルサ5階
29	東毛若者サポートステーション	373-0821	群馬県太田市下浜田町1088-2 太田市勤労青少年ホーム2階

No.	名称	郵便	住所
30	かわぐち若者サポートステーション	332-0015	埼玉県川口市川口3-2-2 川口ゆめワーク
31	深谷若者サポートステーション	366-0825	埼玉県深谷市深谷町9-12 旧七ツ梅酒造
32	ちば地域若者サポートステーション	261-0026	千葉県千葉市美浜区幕張西4-1-10
33	いちかわ若者サポートステーション	272-0122	千葉県市川市宝2-10-18 安田ビル1階
34	かしわ地域若者サポートステーション	277-0004	千葉県柏市柏下66-1 柏市勤労会館内
35	ちば北総地域若者サポートステーション	286-0044	千葉県成田市不動ヶ岡1114 ストアハウス不動ヶ岡203号
36	ちば南部地域若者サポートステーション	292-0831	千葉県木更津市富士見1-1-1 たちより館2階
37	ふなばし地域若者サポートステーション	273-0005	千葉県船橋市本町4-32-2 スクエア1階
38	あだち若者サポートステーション	120-0034	東京都足立区千住1-4-1 東京芸術センター8階
39	たちかわ若者サポートステーション	190-0023	東京都立川市柴崎町3-14-3 JA直販所「みどりっ子」2階
40	みたか地域若者サポートステーション	181-0013	東京都三鷹市下連雀4-15-31
41	しんじゅく若者サポートステーション	169-0075	東京都新宿区高田馬場1-32-14 UKビル6階
42	せたがや若者サポートステーション	154-0001	東京都世田谷区池尻2-4-5 世田谷ものづくり学校3階
43	いたばし若者サポートステーション	173-0004	東京都板橋区板橋1-31-8 国府ビル202
44	ねりま若者サポートステーション	179-0074	東京都練馬区春日町4-16-9 春日町青少年館3階
45	調布若者サポートステーション	182-0022	東京都調布市国領町2-5-15 コクティー3階 調布市産業振興センター内
46	はちおうじ地域若者サポートステーション	192-0081	東京都八王子市横山町19-7 菊屋ビル4階
47	多摩若者サポートステーション	197-0003	東京都福生市熊川1712 笠原ビル4階
48	よこはま若者サポートステーション	220-0004	横浜市西区北幸1-11-15 横浜STビル3階
49	さがみはら若者サポートステーション	229-1131	神奈川県相模原市西橋本5-4-20 サン・エールさがみはら1階
50	湘南・横浜若者サポートステーション	247-0055	神奈川県鎌倉市小袋谷1-6-1 2階
51	かわさき若者サポートステーション	213-0001	神奈川県川崎市高津区溝口1-6-10 てくのかわさき3階
52	神奈川県西部地域若者サポートステーション	250-0045	神奈川県小田原市城山1-6-32 Sビル2階
53	三条地域若者サポートステーション	955-0852	新潟県三条市南四日町1-15-8 三条市勤労青少年ホーム／ソレイユ三条内
54	新潟地域若者サポートステーション	958-0023	新潟県新潟市中央区弁天2-2-18 新潟KSビル ハローワークプラザ新潟2階「若者しごと館」内
55	村上地域若者サポートステーション	958-0023	新潟県村上市瀬波上町4-1 村上市勤労青少年ホーム内
56	長岡地域若者サポートステーション	940-0033	新潟県長岡市今朝白1-10-12 長岡市勤労青少年ホーム内2階

地域若者サポートステーション（つづき）

No.	名称	郵便	住所
57	上越地域若者サポートステーション	943-0838	新潟県上越市大手町5-40 高田地区公民館内
58	富山県若者サポートステーション	930-0805	富山県富山市湊入船町9-1 とやま自遊館2階 ヤングジョブとやま内
59	高岡地域若者サポートステーション	933-0871	富山県高岡市駅南1-1-18 中野ビル3階 305号室
60	にいかわ若者サポートステーション	938-0037	富山県黒部市新牧野103 ファーストビル3階
61	いしかわ若者サポートステーション	920-0935	石川県金沢市石引4-17-1 石川県本多の庁舎1階
62	ふくい若者サポートステーション	910-0026	福井県福井市光陽2丁目3-22 福井県社会福祉センター2階
63	山梨県若者サポートステーション	400-0811	山梨県甲府市川田町517番地 山梨県青少年センター内
64	ぐんない若者サポートステーション	403-0005	山梨県富士吉田市上吉田2-5-1 Q-STA4階
65	しおじり若者サポートステーションCAN	399-0738	長野県塩尻市大門七番町5-15
66	ながの若者サポートステーション	380-0835	長野県長野市新田町1116 宮崎ビル1階
67	若者サポートステーション・シナノ	386-0012	長野県上田市中央3-2-21 半田ビル2階
68	岐阜県若者サポートステーション	500-8384	岐阜県岐阜市薮田南5-14-12 岐阜県シンクタンク庁舎2階
69	静岡地域若者サポートステーション	424-0823	静岡県静岡市清水区島崎町223 清水テルサ2階（東部勤労者福祉センター）内
70	しずおか東部若者サポートステーション	411-0855	静岡県三島市本町12-4 小林ビル3階
71	地域若者サポートステーションはままつ	430-0913	静岡県浜松市中区船越町11-11 アミティ浜松（勤労青少年ホーム）
72	地域若者サポートステーションかけがわ	436-8650	静岡県掛川市長谷1-1-1 掛川市役所3階東側
73	なごや若者サポートステーション	443-0043	愛知県名古屋市北区柳原3-6-8 名古屋市青少年交流プラザ内
74	がまごおり若者サポートステーション	443-0043	愛知県蒲郡市元町9-9
75	安城若者サポートステーション	446-0039	愛知県安城市花ノ木町5-10 花ノ木センタービル3階
76	ちた地域若者サポートステーション	475-0805	愛知県半田市浜田3-10-1 サンテラス乙川店2階キャリアセンターはんだ
77	とよはし若者サポートステーション	441-8087	愛知県豊橋市牟呂町字東里28 豊橋市青少年センター内
78	いちのみや若者サポートステーション	491-0858	愛知県一宮市栄3-1-2 i-ビル6階 一宮市ビジネス支援センター内
79	春日井若者サポートステーション	486-0825	愛知県春日井市中央通1-88 駅前第3共同ビル4階
80	若者就業サポートステーション・みえ	514-0009	三重県津市羽所町700 アスト津3階
81	いせ若者就業サポートステーション	516-0037	三重県伊勢市岩渕1-2-29 いせ市民活動センター北館（シティープラザ）内1階

No.	名称	郵便	住所
82	いが若者サポートステーション	518-0869	三重県伊賀市上野中町2976-1 上野ふれあいプラザ3階
83	北勢地域若者サポートステーション	510-0085	三重県四日市市諏訪町6-11 ピュアコート104号
84	滋賀県地域若者サポートステーション	520-0051	滋賀県大津市梅林1-3-10 滋賀ビル5階 ヤング ジョブセンター滋賀内
85	大津若者サポートステーション	520-0044	滋賀県大津市京町3 森田ビル6階
86	京都若者サポートステーション	604-8147	京都府京都市中京区東洞院通六角下る 京都市中京青少年活動センター内
87	あやべ若者サポートステーション	623-0012	京都府綾部市川糸町丁畠4-1 ワークスビル1階
88	宇治（京都南）若者サポートステーション	611-0042	京都府宇治市小倉西浦82-27 丸善ビル2階 7号室
89	京都丹波地域若者サポートステーション	621-0805	京都府亀岡市安町釜ケ前2-4
90	大阪府若者サポートステーション	540-0031	大阪府大阪市中央区北浜東3-14 エル・おおさか3階
91	北大阪若者サポートステーション	569-1141	大阪府高槻市氷室町1-20-4
92	南大阪若者サポートステーション	598-0062	大阪府泉佐野市下瓦屋222-1 泉佐野市立佐野人権文化センター2階
93	大阪市若者サポートステーション	533-0033	大阪府大阪市東淀川区東中島1-13-13 大阪市立青少年文化創造ステーション 「KOKO PLAZA」3階
94	東大阪若者サポートステーション	577-0054	大阪府東大阪市高井元町2-4-6 岸田興産ビル
95	枚方若者サポートステーション	573-1191	大阪府枚方市新町2-1 ホース・フレンズ枚方セラピー牧場内
96	南河内地域若者サポートステーション	584-0032	大阪府富田林市常磐町3-17 リベルテタナカ501号室
97	とよなか若者サポートステーション	561-0831	大阪府豊中市庄内東町2-1-6 三和ビル6階
98	こうべ若者サポートステーション	651-0096	兵庫県神戸市中央区雲井通5-1-2 神戸市青少年会館内
99	ひめじ若者サポートステーション	670-0012	兵庫県姫路市本町68-290 イーグレひめじ1階
100	さんだ若者サポートステーション	669-1531	兵庫県三田市天神1-5-33 三田市商工会館2階
101	若者サポートステーション豊岡	668-0025	兵庫県豊岡市幸町9-27
102	宝塚地域若者ステーション	665-0845	兵庫県宝塚市栄町1-1-9 アールグラン宝塚2階
103	西宮若者サポートステーション	662-0912	兵庫県西宮市松原町2-37 西宮市立勤労会館1階
104	あかし若者サポートステーション	673-0892	兵庫県明石市本町1-1-28 明石今橋ビル8階
105	なら若者サポートステーション	630-8213	奈良県奈良市登大路町38-1 奈良県中小企業会館内

地域若者サポートステーション（つづき）

No.	名称	郵便	住所
106	若者サポートステーションやまと	633-0091	奈良県桜井市桜井1259 エルト桜井2階
107	若者サポートステーションわかやま	640-8033	和歌山県和歌山市本町2-40 聖一ソレイユビル4階
108	南紀若者サポートステーション	646-0031	和歌山県田辺市湊1619-8 田辺市民総合センター北館
109	とっとり若者サポートステーション	680-0846	鳥取県鳥取市扇町7 鳥取フコク生命駅前ビル1階
110	よなご若者サポートステーション	683-0043	島根県米子市末広町311 イオン米子駅前店4階
111	しまね東部若者サポートステーション	690-0003	島根県松江市朝日町478-18 松江テルサ3階
112	しまね西部若者サポートステーション	697-0022	島根県浜田市浅井町1580 第二龍河ビル4階
113	おかやま若者サポートステーション	700-0901	岡山県岡山市本町6-30 第一セントラルビル2号館5階
114	くらしき地域若者サポートステーション	710-0055	岡山県倉敷市阿知1-7-2 くらしきシティプラザ西ビル6階
115	つやま地域若者サポートステーション	709-4603	岡山県津山市中北下1300 津山市久米支所内
116	広島地域若者サポートステーション	730-0013	広島県広島市中区八丁堀16-14 第二広電ビル5階
117	ほうふ若者サポートステーション	747-0806	山口県防府市石が口1-8-8
118	しゅうなん若者サポートステーション	745-0071	山口県周南市岐山通り1-4 周南市市民館内
119	うべ若者サポートステーション	755-0029	山口県宇部市新天町1-2-36 まちづくりプラザ3階
120	しものせき若者サポートステーション	750-0067	山口県下関市大和町1-2-8 山口県賀乃ビル100号
121	とくしま若者サポートステーション	770-0831	徳島県徳島市寺島本町西1-7-1 日通朝日徳島ビル1階
122	あわ地域若者サポートステーション	771-1402	徳島県阿波市吉野町西条字大内18-1 吉野中央公民館（旧笠井福祉センター）内 2階
123	かがわ若者サポートステーション	760-0021	香川県高松市西の丸町14-10 穴吹パティシエ福祉カレッジ6階
124	さぬき若者サポートステーション	763-0022	香川県丸亀市浜町10-1
125	えひめ若者サポートステーション	790-8587	愛媛県松山市湊町5-1-1 いよてつ高島屋 南館3階
126	東予若者サポートステーション	792-0025	愛媛県新居浜市一宮町2-2-17 新居浜市勤労青少年ホーム内
127	こうち若者サポートステーション	780-8567	高知県高知市朝倉戊375-1 高知県立ふくし交流プラザ4階
128	高知黒潮若者サポートステーション	789-1931	高知県幡多郡黒潮町入野1984-3
129	福岡県若者サポートステーション	810-0001	福岡県福岡市中央区天神1-4-2 エルガーラ・オフィス11階

No.	名称	郵便	住所
130	北九州若者サポートステーション	802-0001	福岡県北九州市小倉北区浅野1-1-1 アミュプラザ西館8階
131	さが若者サポートステーション	840-0826	佐賀県佐賀市白山2-2-7　KITAJIMAビル1階
132	たけお若者サポートステーション	843-0000	佐賀県武雄市武雄町大字武雄46-3
133	長崎若者サポートステーション	850-0057	長崎県長崎市大黒町3-1 長崎交通産業ビル5階
134	若者サポートステーション佐世保	850-0028	長崎県佐世保市八幡町6-2 長崎県合同ビル4階
135	五島若者サポートステーション	853-0064	長崎県五島市三尾野1-7-1 五島市福江総合福祉保健センター2階
136	くまもと若者サポートステーション	862-0903	熊本県熊本市若葉1-35-18
137	たまな若者サポートステーション	865-0064	熊本県玉名市中48-7
138	うき若者サポートステーション	896-0502	熊本県宇城市松橋町松橋1131-4
139	ひとよしくま若者サポートステーション	868-0008	熊本県人吉市中青井町299　田上ビル1階
140	おおいた地域若者サポートステーション	870-0037	大分県大分市東春日町1-1 大分NSビル（アイネス）2階
141	おおいた県南若者サポートステーション	876-0846	大分県佐伯市内町8-4　菊池ビル1階 仲町商店街1丁目
142	みやざき若者サポートステーション	880-0802	宮崎県宮崎市別府町4-19
143	宮崎県北若者サポートステーション	882-0852	宮崎県延岡市浜砂2-1-25
144	かごしま若者サポートステーション	891-0141	鹿児島県鹿児島市谷山中央1-4121-5 よしながビル301号
145	奄美若者サポートステーション	894-0036	鹿児島県奄美市名瀬長浜町23-25
146	霧島・大隅若者サポートステーション	899-4332	鹿児島県霧島市国分中央3-33-34-1階
147	地域若者サポートステーション沖縄	901-2316	沖縄県沖縄市中央2-28-1　コリンザ3階
148	地域若者サポートステーションなは	902-0073	沖縄県那覇市上間563　田端建設1階
149	地域若者サポートステーションなご	905-0013	沖縄県名護市城2-12-3 渡具知ペイントビル1階

付録

あとがき

初めて役に立つ支援を受けました
　CRAFTプログラムを受けて，このような感想を述べる家族は少なくありません。その為か，このプログラムのドロップアウト率は非常に低いのが特徴です。毎回のプログラムで学べることが多く，達成感を得られることが大きな要因と考えられます。また学習する内容が決まっているため，支援を終えるまでの見通しを持ちやすく，このプログラムが終わるまでは何とか頑張ろうと思えることもあるのでしょう。中断しやすい家族支援において，こうした点は，このプログラムの大きな強みであると言えます。

とりあえず試しに行ってみようかなと思った
　家族がこのプログラムを受けて，ひきこもりの若者が相談に来た際にこのように述べることがあります。この発言から，支援を受けることにそれほど乗り気ではないと言えます。しかし，社会との接触を回避し続けてきた若者に，支援を求める気持ちが芽生えてきたという事実は大きな意味があります。この変化は，回避ばかりをしてきた若者の行動パターンが，社会へ接近し始めていることを意味しています。この変化は，行動のベクトルが180度逆転する程の大転換なのです。
　CRAFTプログラムで，ひきこもりの若者が支援を求めるようになるところまでは導くことができます。しかし，ようやく支援を求めた若者とつながれるかどうかは，若者が出会った支援者の力量に完全に委ねられています。若者とのつながりを保つには，このプログラムで重視している「惹きつける」力が必要となります。つまり，若者にとって魅力ある支援を展開できるかが，このプログラムを終えた後のひきこもり支援の正念場なのです。

漠然と感じていることがまとめられていてすっきりした

　このプログラムをご覧になられて，このように感じられた支援者は多いでしょう。事実，CRAFTプログラムについて研修を行うと，このような感想を頂くことが少なくありません。特に，ひきこもりの家族支援をある程度経験された方がこのような感想を抱くことが多いようです。

　ひきこもりの家族支援は，体系的かつ具体的に実施する必要があるわけですが，この条件を満たす支援を行える支援者を育てるには相当の教育が必要となります。このプログラムは，体系的かつ具体的な支援をマニュアル化したものであり，ひきこもりの家族支援の基礎を学ぶのには格好のプログラムであると考えています。こうしてマニュアル化することは，ひきこもりの家族支援に困難を抱いている支援者や十分な支援を受けることができていない家族の双方にとっての光明になります。

　ひきこもりの家族支援におけるCRAFTプログラムの効果については，その成果がいくつか報告されつつありますが，今後さらなる実証が必要とされます。さらなる強固なエビデンスの収集が今後の課題です。読者の皆様には，こうした現状を改善すべく，本書をお読みになった忌憚なきご意見を頂ければと切に願っております。

　ところで，CRAFTプログラムをひきこもりに応用する試みの始まりは，Smith & Meyers（2004）を境ら（2012）が監訳した『CRAFT依存症患者への治療動機づけ』のあとがきにも紹介されています。また，本書の制作に当たっては，第二著者である野中俊介君が修士論文（野中，2011）で筆者の指導を受けながら，本書のプログラムのプロトタイプを作成してくれました。それをもとに，数年に渡る改訂（境，2013）を重ねてきた成果をこのような形で上梓するに至っています。

　時をさかのぼると，そもそも著者がひきこもりの研究を始めるに至ったのは，2001年に一人のひきこもりの若者と出会ったことに由来しています。そして，その方のご家族と一緒に埼玉県で行われていたひきこもりの親の会に参加した際に，NPO法人全国引きこもりKHJ親の会の創始者である故・奥山雅久氏と出会いました。奥山氏との出会いは，私がひきこもりを研究テーマとするターニングポイントとなっています。その奥山氏は2011年3月に亡くなられましたが，引き継いだ池田佳世先生の協力のもと，KHJ親の会とは2004年から現在までに10回のひ

きこもりの実態調査を共同で実施しており，この調査資料が本書の背景理論を構築する上で欠かすことのできないエビデンスとなっています。

　2001年に，ひきこもりの研究を始めた当初，早稲田大学大学院人間科学研究科のメンバーとひきこもりの研究会を立ち上げ，当時，筆者の指導教官であった坂野雄二先生（現・北海道医療大学心理科学部・教授）の指導を受けながら，チームで研究を遂行していました。当初の研究会メンバーは，現在では各分野の第一線で新進気鋭の研究者として活躍しており，こうした優秀なメンバーと初期の研究活動を行えたことが，今日の研究の礎となっています。また，その後赴任した志學館大学，徳島大学で共に研究に励んだゼミ生の力がなければ，本書も日の目を見ることはなかったでしょう。

　こう考えると，多くの人との出会い，支えがあり，こうして本書を上梓できたわけです。これまでご協力，ご支援頂いた全ての方々に心から感謝申し上げます。

　私事ではありますが，本書の執筆を進めるなか，2013年1月に父が逝去しました。父にも，奥山氏にも本書を是非見てもらいたかったという思いがあります。叶わなかった願いは，本書を多くのご家族に読んでもらうことで昇華したいと思います。

　最後に，常日頃から私を支えてくれている妻，長男，長女に，この場を借りて心からの感謝の意を表し，あとがきを結びたいと思います。

　　平成25年7月12日

　　　　　　　　　　　　　　　　　　　猛暑の徳島にて　　境　泉洋

[著者略歴]

境　泉洋（さかい・もとひろ）
1976年，宮崎県生まれ。1999年，宮崎大学教育学部卒。2005年，早稲田大学博士（人間科学）。志學館大学大学院心理臨床学研究科講師を経て，2007年4月から徳島大学総合科学部准教授，2009年4月から組織改編により，現職，徳島大学大学院ソシオ・アーツ・アンド・サイエンス研究部准教授。臨床心理士，認定行動療法士。日本行動療法学会理事，NPO法人全国引きこもりKHJ親の会理事，徳島県青少年健全育成審議会委員。分担執筆に「認知行動療法の技法と臨床」（日本評論社），「ひきこもりに出会ったら」（中外医学社），「『ひきこもり』考」（創元社）などがある。監訳に「CRAFT 依存症患者への治療動機づけ」（金剛出版），「メタ認知療法」（日本評論社）がある。

野中　俊介（のなか・しゅんすけ）
1985年，千葉県生まれ。2009年，早稲田大学人間科学部卒。2011年，徳島大学修士（臨床心理学）。2011年3月より一般社団法人SCSカウンセリング研究所，2013年4月より東京都スクールカウンセラー，2014年4月より国立精神神経医療センター精神保健研究所。臨床心理士。分担訳書に「CRAFT 依存症患者への治療動機づけ」（金剛出版）。

CRAFT ひきこもりの家族支援ワークブック
若者がやる気になるために家族ができること

2013年8月30日　発行
2019年9月15日　5刷

著　者　境 泉洋　野中 俊介
発行者　立石 正信

発行所　株式会社 金剛出版
〒112-0005
東京都文京区水道1-5-16
電話 03-3815-6661
振替 00120-6-34848

印刷　日本ハイコム
装丁・本文イラスト　和井田 智子
本文レイアウト　石倉 康次

ISBN978-4-7724-1324-4 C3011　　　　　　　　　　　　Printed in Japan©2013

CRAFT
依存症患者への治療動機づけ
家族と治療者のためのプログラムとマニュアル

［著］＝ジェーン・エレン・スミス　ロバート・J・メイヤーズ
［監訳］＝境　泉洋　原井宏明　杉山雅彦

●B5版　●並製　●296頁　●本体 **3,800**円＋税

現在最も強力な薬物・アルコール依存症治療プログラム
"CRAFT" の全貌を公開！
治療者と家族のための実践マニュアル。

CRAFT
依存症者家族のための
対応ハンドブック

［著］＝ロバート・メイヤーズ　ブレンダ・ウォルフ
［監訳］＝松本俊彦　吉田精次

●A5版　●並製　●216頁　●本体 **2,600**円＋税

実証的研究で効果が証明された
依存症への治療法として最強のプログラム「CRAFT」。
あなたの大切な人にもう飲ませないために！

CRAFT
薬物・アルコール依存症からの
脱出
あなたの家族を治療につなげるために

［著］＝吉田精次　境　泉洋

●A5版　●並製　●136頁　●本体 **2,400**円＋税

薬物・アルコール依存症のメカニズムを解き明かし、
硬直化した家族関係を変容、緩和させていくための
最強の治療プログラム。